Le Livre de Poche

Jeunesse

LE TAROT DU DIABLE

DU MÊME AUTEUR DANS
Vertige fantastique

Le rendez-vous du cauchemar
Qu'est-ce qui rôde ?

VALPIERRE

LE TAROT DU DIABLE

HACHETTE
Jeunesse

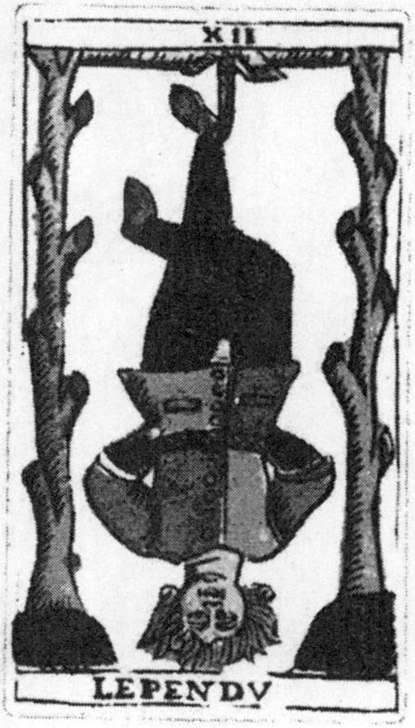
XII
LE PENDV

XVII
LESTOILLE

LE BATELEVR

XVI
LA MAISON DIEV

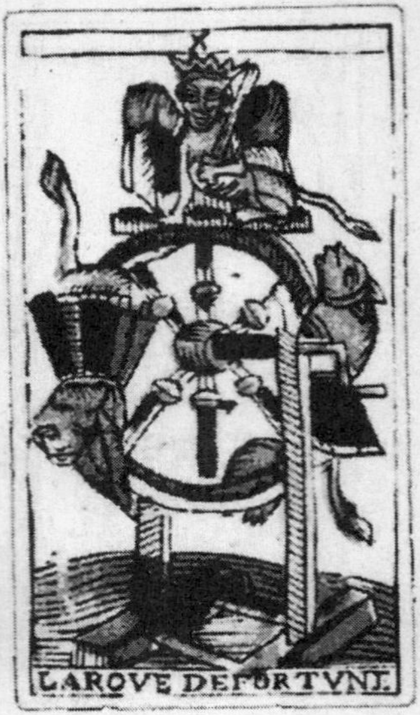

Tarot de Besançon,
J.-P. Laurent,
XVIIIe siècle
(musée national des Arts et
Traditions populaires, Paris).
© Éditions R.M.N.

En souvenir
du lycée Lakanal
de Sceaux

Première partie

Cartes de vœux

1

Lundi 7 mai 1906

— Alors, tu le veux, ce tarot ?

Les cartes luisaient doucement au soleil. Les deux garçons avaient un peu froid, assis à même le pavé de la cour du lycée Lakanal, mais ils l'oubliaient. Le monde s'était limité à ce paquet de cartes colorées. Celui qui l'avait en main n'arrêtait pas de parler. C'était un petit gros à lunettes, un peu essoufflé. L'autre ébouriffait les mèches de ses cheveux châtains.

— Tu le veux, Théo ? reprit le petit gros.

Son camarade se décida enfin à répondre. Il paraissait embarrassé.

— Dis-moi, Gaston, elles viennent d'où, ces cartes ?

— Oh ! des vieilleries que ma mère collectionne. Elle en a plein ses placards. Ce tarot, par exemple, c'est pas un jeu de cartes.

— Comment ça, c'est pas un jeu de cartes ?

— Non, monsieur Théodore Peyreix. C'est un tarot divinatoire. Ça ne sert pas à jouer. Ça sert à prédire l'avenir.

— Monsieur Gaston Viel, dit Théo sur le même ton, on est en 1906, plus au Moyen Âge. Elle sait pas ça, ta mère ? Bon, ne te vexe pas. Fais voir quand même. Elles sont si précieuses que ça, tes cartes ?

Enchanté, Gaston déploya le jeu en un éventail serré, comme si une main risquait de le lui arracher. Ce n'étaient pas des « cartes » habituelles. Chacune était numérotée, portait un dessin particulier, et un nom imprimé en lettres capitales : LA JUSTICE, L'AMOUREUX, L'ÉTOILE...

— Ma mère, elle appelle pas ça des « cartes », mais des « arcanes ». Elle dit aussi « des lames ». L'EMPEREUR, LA FORCE, LA ROUE DE FORTUNE...

— Et celle-là ?

— Ah, la numéro XIII ! Elle n'a pas de nom. Tu ne comprends pas pourquoi, toi le littéraire ?

La carte représentait un squelette debout. Dans sa

main osseuse il tenait une faux, à la lame sanglante. On voyait aussi sur le sol des ossements et des têtes coupées.

LA MORT.

Théo demeura songeur. Gaston avait raison sur un point, ce n'étaient pas des cartes pour jouer à la belote, ni même au tarot.

— Et puis, reprit Gaston encouragé, il y a autre chose encore. Il est magique, ce jeu. J'te jure ! Ma-gi-que. Il peut exaucer les souhaits... Te moque pas... C'est ma mère qui le dit. Bon, on n'est pas obligé d'y croire, hein ? Enfin, ce qui est sûr, c'est qu'il a appartenu à Mme de Mon... Montespan, ou un nom comme ça.

— Quoi ? La favorite de Louis XIV ?

— Oui, voilà ! Alors, c'est les cartes contre la version latine. T'as qu'à me laisser recopier, c'est quand même pas grand-chose ! Allez, quoi, Théo, sois chic, je vais encore me payer un zéro et je serai consigné dimanche. Je pourrai pas voir mam... ma mère.

Théo soupira. Avec Gaston Viel, c'étaient toujours des ennuis et des histoires à dormir debout. Il fit glisser quelques cartes (*pardon, « lames », « arcanes »*) entre ses doigts. Elles semblaient peintes, de vrais petits tableaux. En fait, il n'en avait jamais vu d'aussi belles. Il se décida brutalement :

— D'accord. Je te file la version. Mais c'est la dernière fois. On va finir par se faire piquer.

Il fouilla dans son sac.

— Tiens ! Et n'oublie pas de mettre quelques fautes exprès.

— Tu me sauves la mise, Théo. Tu sais, je raconte pas des salades, c'est vraiment un tarot ancien. Et magique !

Gaston commença à recopier d'un air satisfait, sans réfléchir au moindre mot, pourtant si concentré qu'un bout de langue rose dépassait du coin de sa bouche.

Théo avait fourré l'étui du jeu – un bel étui de cuir noir et usé – au fond de la poche de son uniforme. Il se passait la main dans les cheveux comme chaque fois que des pensées se bousculaient dans sa tête. Le tarot devait coûter cher. Il était très vieux, même s'il n'avait pas vraiment appartenu à Mme de Montespan. Et puis Gaston avait dû le voler à sa mère. Théo se mordit les lèvres. Il se dit que, décidément, il avait eu tort d'accepter. Il fouilla dans sa poche pour rendre le jeu.

Alors il le vit pour la première fois.

Debout, à dix mètres d'eux, sous l'un des grands marronniers. Il regardait Théo fixement.

Un homme grand, élégant et mince, en redingote et chapeau haut de forme. Impossible de lui donner un âge. Un visage pâle, imberbe, lisse comme celui d'une fille. Théo ne reconnaissait en lui aucun professeur ou surveillant. Un remplaçant ? Théo demeura un instant fasciné. Il avait oublié les cartes. L'homme lui sourit, découvrant de petites dents blanches et acérées sous ses lèvres fines. Sans cesser de fixer Théo, il leva une de ses mains gantées de blanc et le salua avec lenteur. Théo se dit qu'il fallait répondre à ce salut. Il baissa la tête, mais comme pour vérifier si ses chaussures étaient propres. Au cas où il se serait trompé, au cas où l'homme ferait signe à quelqu'un d'autre.

Son esprit était curieusement vide. Une sorte de panique le gagna. Pourquoi ? Cette apparition, c'était sûrement un inspecteur, un fonctionnaire quelconque.

Alors un bruit de tonnerre le fit sursauter, et des dizaines de garçons coururent dans la même direction. Le roulement de tambour du vieux Joseph marquait la fin de la récréation.

Théo regarda les rangs se former, puis son attention se reporta au marronnier. L'homme aux petites dents blanches avait disparu.

Ce n'était pas le moment de traîner. Là-bas, les élèves de la Quatrième A2 étaient alignés deux par deux. Chacun se taisait, les bras tendus sur les épaules de celui qui le précédait. Il ne manquait

Gaston et lui. On entendait seulement le vent dans les marronniers. Et Gaston qui continuait à griffonner !

Quelle situation ridicule ! Le pas militaire du surveillant général se rapprochait.

— Dépêche-toi ! Voilà Gugusse ! Il va nous coincer !

— Plus que deux mots...

— Mais grouille-toi !

Gaston bondit avec une agilité étonnante pour sa corpulence, rendit sa copie à Théo, et détala. Théo suivit en ronchonnant, la feuille froissée à la main. Le tarot, plus question de le rendre. Et même, c'était une faible récompense pour avoir aidé ce truand.

Mais peu importait.

Ce regard, cet homme ? Pourquoi s'était-il intéressé à lui, à lui *personnellement* ?

M. Périssole endormait tout le monde avec sa voix chuintante. Mais Théo aimait assez le latin. Périssole, ce jour-là, résumait l'histoire de *L'Âne d'or* :

— Comprenez-vous, le jeune Lucius apprend que son hôtesse est une sorcière. Il veut se transformer en oiseau pour lui échapper, comprenez-vous. Mais il se trompe de pommade et se voit changé en âne. Le genre de mésaventure, comprenez-vous, qui arrive aux apprentis sorciers. Donc, Lucius, sous la forme de ce malheureux animal...

— En âne ? Hé ! mais c'est ce qui a dû arriver à Viel !

Périssole regarda par-dessus ses lorgnons. L'exclamation avait surgi du fond de la salle, c'est-à-dire pour lui d'une région inexplorée. Il y eut un court silence suivi d'une hilarité générale. Henri Bousquier, là-bas, prenait un air bête comme par plaisir. Il était très fier de sa plaisanterie.

Périssole assena deux coups de règle en fer sur le bureau.

— Sauf que Viel, c'est pas un âne normal ! Il est gras comme un cochon ! ajouta Henri Bousquier, encouragé par son succès.

Nouveau fou rire, nouveaux coups de règle. Enfin de la distraction pendant le cours de Périssole ! Et en se payant la tête du gros Viel, en plus ! C'était vraiment à savourer. Bousquier eut quelques imitateurs :

— Alors, gros lard, t'as voulu jouer les moineaux ?

— Hé ! T'as mangé trop de foin, tu vas éclater !

Derrière les verres épais comme des calots, les yeux de Gaston s'embuaient de larmes. Théo vit trembloter la lèvre inférieure puis tout le menton ; il fut pris de pitié.

Le professeur, lui, constatant que la fête tournait à l'émeute, renonça aux coups de règle ; il s'adressa directement au peuple :

— Messieurs ! taisez-vous ! Messieurs ! je vais appeler le surveillant général ! C'en est trop, messieurs, comprenez-vous ! Je vais avertir M. Gubert !

Au nom du terrible Gubert, alias Gugusse, la tempête se calma. Même Henri Bousquier maîtrisa les hoquets rauques qui lui servaient de rire, frotta sa large poitrine en souriant béatement et se calma, comme une machine qui met du temps à refroidir. Sourire qui s'acheva en rictus.

Car la voix de Théo venait de résonner :

— Et toi, Bousquier, ça fait combien de temps que t'essaies de ressembler à un macaque ?

— Qu'est-ce que t'as dit, Peyreix ?

Les élèves se figèrent. M. Périssole, seul à ne pas comprendre la terrible situation (l'entrée en guerre de Théodore Peyreix contre un adversaire bien trop fort pour lui), était à bout de patience :

— C'en est assez ! Vous aussi, Peyreix, vous vous y mettez ! Vous me traduirez la page cinquante-trois pour demain ! Et vous de même, Bousquier. Maintenant lisez le texte en silence. J'interroge dans une demi-heure.

Théo baissa le nez sur son livre, le cœur battant. Dans quel pétrin s'était-il fourré ? Il se prenait pour d'Artagnan ou quoi ? Quand au bout de vingt minutes il risqua un œil du côté de Bousquier, il croisa un regard de haine implacable. Viel, lui, souriait derrière ses lunettes sales.

*
* *

Une pièce minuscule, à peine deux mètres sur trois. Mais quel luxe après avoir dormi pendant deux ans dans un dortoir de quinze lits ! Au-dessus du bureau, les rayons où Théo serrait ses livres : en bas les manuels de classe, en haut les romans d'aventures qu'il aimait. Et puis une petite armoire. C'était tout son royaume.

Huit heures quarante-cinq. Ce soir-là, il n'avait pas traîné avec Gaston, ni poursuivi sa lecture des *Trois Mousquetaires*. Aucun moyen de se concentrer. À chaque paragraphe, la voix d'Henri Bousquier résonnait dans sa mémoire : « La vengeance est un plat qui se mange froid, tu sais ça, mon petit Peyreix. Toi, tu vas en avoir une indigestion. » Il sentait encore la poigne de la brute le retenant par le col de sa veste, à la sortie du cours. De quoi regretter d'avoir pris la défense de Gaston. Bien sûr il éprouvait de la fierté, il revoyait avec satisfaction la tête effarée de certains durs de la classe, mais cette sensation agréable valait-elle le nœud d'angoisse qui lui serrait maintenant la gorge ?

Pour se changer les idées, il alla chercher le jeu de tarot dans la poche de sa veste. Il l'étala sur le bureau en quatre rangées inégales. À la lumière de la lampe à pétrole, les vingt-deux lames brillaient d'un éclat plus vif et plus chaud qu'elles ne l'avaient fait au jour. Il les contempla, fasciné par les visages des personnages, par la précision du dessin.

« *Il est magique. Il peut exaucer les souhaits... Il a appartenu à Mme de Montespan...* »

Il savait que Mme de Montespan avait été accusée de sorcellerie, autrefois. Et si Gaston, exceptionnellement, n'avait pas menti ? Si ce tarot réalisait vraiment les souhaits ? Il releva la tête, le cœur battant. Complètement idiot. Pourtant il ferma les paupières. Et il murmura :

— Tarot ! Si seulement tu pouvais empêcher Bousquier de me nuire ! S'il pouvait se...

C'était ridicule mais la gravité de la situation l'excusait. Il fallait bien se détendre un peu, conjurer le mauvais sort. Il rouvrit les yeux.

Devant lui, trois cartes brillaient.

Elles brillaient franchement, sans aucun doute possible. Elles se faisaient suite dans la troisième rangée, au centre.

LA ROUE DE FORTUNE, LE DIABLE, LA CARTE SANS NOM.

À cause de la lampe à pétrole, peut-être ? Non. Elle ne diffusait qu'un halo vague tout autour de la table. La luminosité provenait des trois cartes elles-mêmes. Comme si elles avaient été de petites fenêtres ouvertes sur un autre monde. Théo chercha encore une cause rationnelle. Il se pencha et examina les dessins de plus près.

LA ROUE DE FORTUNE était une grande roue à aubes. Un chien et un singe s'y agrippaient. À droite le chien montait, à gauche le singe descendait.

LE DIABLE était debout sur un socle. Il avait des pieds et des mains griffus, des ailes bleues dans le dos. Deux personnages plus petits étaient enchaînés au socle par une corde passée à leur cou.

Théo recula, parcouru d'un frisson. Le regard noir du démon plongeait dans le sien. Il fouillait dans son esprit, comme pour y prendre quelque chose. Vite, regarder un autre arcane.

À droite, il y avait LA CARTE SANS NOM. Le squelette.

— LA MORT ! dit Théo à haute voix.

La Dame à la faux dont la lame rouge scintillait jusqu'à l'éblouir. Il cligna les yeux deux ou trois fois. Alors le phénomène de luminosité cessa. Les trois cartes s'étaient « éteintes ». Théo passa la main dans sa courte chevelure brune.

— Neuf heures ! Extinction des lampes et dormez ! Neuf heures ! Extinction des lampes !

Il avait oublié l'heure. Il tourna aussitôt la molette de sa lampe à pétrole : on ne plaisantait pas avec la discipline, au lycée Lakanal. Il fallut ranger les cartes dans le noir, puis il se déshabilla et chercha son lit à tâtons. Il se sentit soudain très seul, les yeux ouverts dans l'obscurité.

« Demain, je rendrai ce tarot à Gaston. »

2

Mardi 8 mai

Théo accéléra le pas. Il y aurait l'angle, au bout du « grand couloir », puis une nouvelle galerie, très courte celle-là... Toujours les mêmes voûtes soutenues de montants métalliques, les mêmes murs, brique rouge en bas, peinture jaune en haut... Son cœur battait de plus en plus fort. Après, il y aurait ce petit passage sombre, cinq ou six mètres, quelques marches à descendre, un chemin boueux, vingt mètres ; et enfin le gymnase, isolé à l'entrée du parc.

Bousquier était parti en avant, l'air mauvais... Forcément, il lui tendrait une embuscade quelque part.

Théo se crut sauvé. Il allait ressortir du passage sombre. La porte du gymnase, là-bas, lui paraissait l'entrée du paradis.

— Alors, cafard ! Je ressemble à un macaque ?

La voix venait de derrière. D'un coin du passage.

Bousquier saisit Théo par le col de chemise. Il s'approcha, le renifla, lui lança un coup de genou dans le ventre. Quelques élèves observaient la scène sans bouger. Théo ne cria pas mais il se savait sans défense. Autant lutter contre une avalanche. Il reçut un second coup de genou qui lui coupa la respiration.

« Mon Dieu ! gémissait sa conscience coincée dans un petit réduit de son cerveau, dire que dans un quart d'heure j'aurai encore aussi mal. » Il fit face pourtant. Peur bleue mêlée de colère : pourquoi fallait-il toujours que ce genre de personnage vous gâche l'existence ?

Bousquier était grand, musclé, avec une abondante chevelure frisée, de petits yeux rapprochés, un front fait pour donner et pour encaisser les coups. Sa riche famille, selon la rumeur, lui avait payé des cours de boxe française. Tout l'attirait vers la bagarre, « la guerre » comme il disait, en toute modestie.

— T'es plus si fier, hein, Peyreix ? Ça la ramène devant les profs, mais quand il s'agit de se battre, y a plus personne. Allez, réponds quand je te parle, greluche !

— Lâche-moi ! Tu m'étrangles !

— Allez, vas-y, appelle ta mère ! « Maman, maman, au secours ! »

Le temps s'était suspendu, un bourdonnement sourd emplissait les oreilles de Théo, il n'y avait plus que la brute, les moqueries, les doigts qui serraient la gorge.

Et soudain... soudain, que s'était-il passé ? Une sorte d'énorme décharge d'énergie. Bousquier n'était plus là. Théo essuya ses larmes, retrouva comme il put sa respiration. Les élèves s'agglutinaient au bord des marches. Et Gaston lui dit, le prenant par l'épaule :

— Ça alors ! Mais comment t'as fait ? J'en reviens pas, tu l'as envoyé valser, le Bousquier ! Un vrai vol plané ! Tu te rends compte ? Eh ben, mon vieux, j'aurais jamais cru que t'étais si costaud !

« Moi non plus ! » pensa Théo. Il se pencha pardessus la rampe. Un surveillant aidait Henri à se relever. Il était tout en bas des marches et se tenait le poignet droit. De toutes parts, on jeta à Théo des regards perplexes et admirateurs. Lui se précipita dans le gymnase. Il lui faudrait une bonne heure pour digérer ce miracle.

La séance de gymnastique ne comportait que des

mouvements. Il se mettrait vers le fond, comme d'habitude, à l'extrémité d'une savante diagonale, pour que le professeur ne voie pas ses gestes inachevés. Théo le champion de boxe n'était pas un sportif.

Que s'était-il *vraiment* passé ?

Il croyait bien le savoir. Et ce n'était pas rassurant.

Bousquier rentra de l'infirmerie vers le début du cours de maths, une heure et quart plus tard. Un énorme bandage entourait son poignet. Toute la classe le dévisagea, les uns solennellement, comme une idole abattue, les autres avec satisfaction : il la ramènerait moins, maintenant. Gaston se retourna avec fierté vers son « meilleur ami » Théo (ah, comme il l'avait bien choisi, cet ami ! il ne risquait plus rien de la part de personne, à présent !), mais celui-ci lui fit signe de rester discret et de suivre le cours.

Le blessé évita les regards. Que pouvait-il se dire ? Sans doute : « Quelque chose cloche, impossible qu'un minus comme Peyreix m'ait battu. Im-pos-sible. Il peut en remontrer à Viel, mais pas à moi. Il doit y avoir un truc... »

Le brave M. Salz dictait un polynôme et Théo le notait distraitement. Ses pensées vagabondaient ailleurs. Sur (– 1/2 + 2/3) se superposa LA ROUE

DE FORTUNE avec son chien et son singe. Puis LE DIABLE de la carte XV vint à tire-d'aile planter ses sinistres griffes dans le + (– 1 + 3/2). Et la figure de LA CARTE SANS NOM, armée de sa faux, remplaça le = *x* : Théo n'était plus du tout au cours de M. Salz.

Il posa sa plume. La veille, il avait formulé un vœu. Bon, et alors ? Il n'allait pas croire à ces bêtises !

Il fouilla quand même dans sa mémoire. Qu'est-ce qu'il avait dit au tarot exactement ?

« S'il pouvait, s'il pouvait... » Ça commençait comme ça.

Soudain la phrase se déroula en entier. Enfin il se rappelait. Il avait dit nettement : « S'il pouvait se casser... non, se fouler le poignet ! »

Et... c'était arrivé !

Il s'agrippa les cheveux. Maintenant M. Salz était loin, loin. Théo, dans son accès de frayeur, se cramponna à la décision qu'il avait prise, juste avant de dormir :

« Je rendrai ce tarot à Gaston. »

Oui, il fallait rendre le jeu, se débarrasser du DIABLE, de LA CARTE SANS NOM, qui défilaient sans cesse sous ses yeux en compagnie du BATELEUR, de L'IMPÉRATRICE, de L'AMOUREUX...

Rendre le jeu absolument. Rendre ces cartes envoûtées.

Il se tourna vers le pupitre de Gaston, où trônait une énorme cocotte en papier. Théo allait faire signe au gros garçon quand on frappa à la porte. C'était Gugusse. La classe se leva.

— Hum, bonjour, monsieur Salz, hum.

Habitué à hurler, Gugusse n'avait plus de voix quand il fallait parler normalement. Il n'émettait alors qu'un raclement sourd et inhumain. C'était assez effrayant.

— Hum, excusez, ce serait rapport à une affaire urgente. Hum... Lequel se nomme, hum, Viel Gaston ?

La main de Gaston se leva timidement. La cocotte, maintenant sous son pied, se déformait comme elle pouvait et tâchait de ressembler à un simple papier.

— Suivez-moi, hum, hum, dans mon bureau, Viel, nous avons quelques comptes à régler, hum ! Bonjour, monsieur.

Bonjour, dans la langue de Gugusse, servait aussi pour *au revoir.*

La tête effarée de Viel aurait pu être comique. Personne en fait n'avait envie de rire. Être convoqué chez Gugusse, c'était horrible en soi, mais pour qu'il dérange un cours il fallait une affaire gravissime. Le cœur de Théo se serra tandis que la silhouette pataude de Gaston disparaissait dans le couloir.

*
* *

L'« affaire Viel » éclipsa l'« affaire Peyreix-Bousquier ». Au réfectoire il ne fut pas question d'autre chose. De l'avis général, Viel s'était fait prendre à cause d'une tricherie. Et Théo tremblait pour lui-même. Les opinions divergeaient sur la sanction. Selon Bedot, Gaston était bon pour le conseil de discipline. Lebrun optait pour le renvoi pur et simple. Mais tout le monde rit au nez de Lebrun qui voyait toujours tout en noir.

— Gugusse ne se déplace pas pour des prunes ! insistait-il en levant le doigt comme un prophète.

Lebrun eut raison cette fois-là. Pendant le cours d'anglais, le censeur, M. Lemeing, annonça en redingote et le chapeau haut de forme à la main que Gaston Viel venait d'être définitivement renvoyé du lycée Lakanal.

— Messieurs, vous êtes les élèves d'un établissement modèle dont vous devez honorer la réputation ! Le lycée Lakanal, de Sceaux, doit égaler et même surpasser les plus grands lycées parisiens ! Le ferez-vous en ajoutant la tricherie à la médiocrité ?

Comme l'infâme Bazaine dans la dernière guerre qui, après s'être fait battre par les Prussiens, a trahi sa patrie ? Etc., etc.

M. Lemeing, échauffé par son discours et fier de lui, tira son col dur avec son doigt crochu, tout en battant l'air avec son chapeau de l'autre main. Ses yeux cherchaient l'admiration de M. Mortimer, le professeur d'anglais, qui conservait son impassibilité britannique.

— Non ! Je ne le permettrai pas ! Y a-t-il d'autres Gaston Viel parmi vous ? Les tricheurs n'ont pas leur place ici, maintenant ils le savent... Quant à certains garçons brillants qui laissent leurs camarades copier leurs devoirs, eux aussi seront punis. Et sévèrement. Car ils doivent montrer l'exemple et non encourager les vices des plus faibles !

Le regard acéré du censeur fit le tour de la salle, s'attarda sur Théo qui baissa les yeux. Hier pendant la récréation, Gugusse avait parfaitement vu Gaston copier la version, puis la rendre. Quand son père apprendrait cela, Théo serait envoyé dans une pension militaire auprès de laquelle le lycée Lakanal ressemblerait à une douce villégiature.

Il attendit l'appel de son nom. Le censeur devait se réserver ce plaisir pour la fin. Non ? Bon, c'était pour plus tard. Lemeing avait dit : « Eux aussi seront punis. »

On le faisait mijoter, voilà tout.

À six heures, lorsque les roulements de tambour annoncèrent la fin de l'étude, Bedot et Lebrun, l'optimiste et le pessimiste, accompagnèrent un Théo lugubre sous le préau des Sixièmes. C'était un endroit désert à ces heures tardives. On pouvait y tenir tranquillement réunion. Bedot, un petit rouquin, essaya de détendre l'atmosphère avec quelques caramels et des paroles rassurantes :

— Franchement, qu'est-ce que tu risques ? Tu peux pas être consigné puisque de toute façon tu ne rentres pas chez toi en fin de semaine !

Lebrun, la bouche pleine, leva un doigt docte :

— 'Ustement ! 'Est bien 'e problème ! I 'a 'ûrement a'oi' un a'ertissement ! Et un 'éro de conduite !

Les épaules de Théo s'affaissèrent un peu plus. Un avertissement et un zéro de conduite ! La pension militaire, quoi !

— Mais non ! s'acharna Bedot. Il va juste se prendre un savon. Un bon élève comme lui, on va lui donner sa chance ! Lemeing t'aurait convoqué tout de suite, tu penses bien. Y a pas à s'inquiéter.

Lueur d'espoir. Mais oui, Bedot voyait juste, Gugusse n'avait que des soupçons ! Et Gaston n'allait quand même pas le dénoncer après tous les services rendus. Théo se redressa, sourit, tendit la main vers le paquet de caramels que Bedot tenait sur ses genoux.

« Peyreix Théodore, Quatrième A2 ! Dans le bureau du censeur à cinq heures et demie ! Peyreix Théodore ! Ah ! tu es là, petit fumier ! Tu vas voir ça ! »

Les aboiements de Gugusse amplifiés sous le noir préau : Théo s'en souviendrait toute sa vie. Il se leva lentement sous les regards anxieux de ses deux camarades.

— Cinq heures et demie ? J'y vais, les gars... Je préfère attendre là-bas... Non, vous, rentrez chez vous. Allez, salut. Hé ! le fils du pâtissier : deux croissants demain, s'te plaît... J'en aurai bien besoin.

Théo ne voulait pas qu'ils le voient pleurer. Ils ne pouvaient pas comprendre. Ils n'avaient pas un père impitoyable, eux.

Il traversa la cour et se mit en route vers l'administration. Il se sentait perdu, dans ce lycée de huit cents élèves, autant que le jour de son entrée en Sixième. Les murs ocre, percés de centaines de hautes et étroites fenêtres, l'enfermaient comme dans une prison. Les toits d'ardoise noire et les nuages paresseux qui dérivaient lentement vers le parc ne lui disaient rien de bon. Théo franchit une porte et se trouva dans un hall sonore.

Il risqua un œil dans la salle des professeurs enfumée où Salz et Périssole étaient en grand conciliabule. Peut-être parlaient-ils de lui ? Le bureau du censeur se trouvait un peu plus loin. L'horloge marquait cinq heures quinze. Il lui restait un quart d'heure avant la sentence, un quart d'heure à imaginer le pire ! C'était la tactique du censeur : laisser aux élèves le temps de ressasser, de regretter, de souhaiter...

De souhaiter !

Il ressortit de l'administration. Pas vers la cour, mais de l'autre côté, dans le parc du lycée. Ah ! ne rencontrer personne ! Il suffisait d'un banc, un peu à l'écart... Celui-là, derrière le grand chêne... Théo sortit les cartes de sa poche, les étala fébrilement sur la pierre.

LA ROUE DE FORTUNE, LE DIABLE et LA CARTE SANS NOM se faisaient suite. Comme le soir précédent. Les mains de Théo tremblaient. Un hasard ? Il se rappelait pourtant avoir mélangé le jeu. Mal mélangé, alors ?

Pas le temps d'y réfléchir.

— Tarot, je t'en prie, fais que je ne sois pas puni pour avoir aidé Gaston à tricher ! Fais que mon père ne sache jamais rien de cette histoire ! Fais... que je n'aie pas zéro de conduite. Que je ne sois pas mis dans un collège militaire.

Théo rouvrit les yeux après cette supplication.

Dans la lumière déclinante de la fin de journée, les trois lames émettaient une lueur particulière, la même que la veille, à la fois plus discrète parce que c'était à l'extérieur, sous le soleil, et plus soutenue, plus insistante.

Fasciné, il n'aurait pas été surpris de voir les personnages s'animer. Mais non, le chien et le singe restèrent sagement accrochés à LA ROUE DE FORTUNE, la grande faux du squelette ne fendit pas l'horizon de la carte XIII, LE DIABLE n'agita pas ses grandes ailes bleues.

À l'intérieur d'un rêve il entendit le carillon de la grosse horloge. Cinq heures et demie ! Il rassembla les cartes et quitta son banc au pas de course.

3

Mardi 8 mai

Il atteignait l'administration quand la vue de deux silhouettes l'arrêta brusquement. C'étaient une femme et un garçon de son âge. Ils descendaient le perron. L'épaisse chevelure rousse de la femme s'échappait en désordre de son chapeau noir et elle allait à grandes enjambées. Elle agitait d'une main un parapluie mauve, de l'autre elle traînait le garçon, qui sanglotait en retenant tant bien que mal ses lunettes sur son nez.

Gaston Viel. Et de toute évidence sa mère.

— ... La honte, la honte de la famille ! Quand ton

père va savoir ça ! Attends un peu, tu vas tâter de sa canne, je te le dis ! Il va te...

Théo n'entendit pas la suite des châtiments promis à Gaston par Mme Viel, car mère et fils s'enfoncèrent sous les arbres, vers cette « entrée d'honneur » que les professeurs franchissaient tous les jours, les élèves dans des circonstances exceptionnelles.

Théo enfila une suite de couloirs et alla frapper, en respirant un grand coup, à la porte de M. Lemeing.

Le censeur, assis derrière son immense bureau, dévisagea l'élève.

— Je suis Théodore Peyreix.

— Théodore Peyreix ? Oui, et alors ?

Abasourdi, Théo resta un instant sans voix.

— C'est Gug... M. Gubert qui m'a dit de venir vous voir.

— Qu'est-ce que vous avez fait ?

Théo mentit :

— Mais rien, monsieur ! Je ne sais pas ! M. Gubert m'a appelé dans la cour pour m'envoyer à votre bureau.

— M. Gubert ne m'adresse pas les élèves sans que je les aie convoqués, à moins d'une faute grave. Alors, dites. J'attends. Je vous préviens, je ne suis pas patient.

Les idées volèrent en tous sens dans le cerveau de Théo : « Il ne m'a pas convoqué ! Gugusse aurait décidé ça tout seul ? Impossible ! C'est donc... le tarot ! »

À cet instant on frappa à la porte et le surveillant général fit son apparition. Horreur. Gubert avait envoyé Théo chez le censeur de son propre chef, et il allait maintenant parler de la version latine. Théo était perdu. Il serra les dents, attendit. Mais Gubert laissa tomber sur lui un regard bovin.

— Hum, monsieur Lemeing, voilà les listes de...

— Monsieur Gubert, vous n'avez pas envoyé cet élève dans mon bureau ?

— Hum, pas que je sache, hum...

Lemeing observa ses deux visiteurs. Théo chassa toute expression de son visage, dissimula la joie souveraine qui le bouleversait. Le tarot, *son tarot*, après l'avoir débarrassé de Bousquier, avait fait perdre la boule au surveillant général ! Oui, le tarot, la lueur mystérieuse, les trois arcanes magiques avaient vaincu l'être primitif dont l'œil mauvais reflétait la mémoire de chaque bêtise, de chaque faux pas accomplis depuis le début de l'année : le tarot avait ensorcelé Gugusse ! Et lui, Théodore Peyreix, était désormais le maître des quatre cours de récréation du lycée Lakanal. C'était vertigineux !

— Alors dites-moi pourquoi vous êtes venu me déranger, monsieur Peyreix.

— Je crois qu'on m'a fait une mauvaise farce, monsieur. On m'a dit que je devais venir vous voir et je l'ai cru. Je suis désolé, je vous prie de m'excuser !

Un ange. Un garçon bien élevé, aux réactions dignes après la farce d'un cancre. Le censeur fronça les sourcils et passa la main dans sa longue moustache grise. Il avait assez perdu de temps.

— C'est bon, filez ! Montrez-vous moins naïf à l'avenir.

— Une minute !

Gugusse était déçu de voir une proie inhabituelle (un bon élève) lui échapper. Théo fut attrapé au collet et enveloppé d'une mauvaise haleine de vin et de tabac.

— Le nom de l'imbécile qui t'a fait cette blague ?

Théo hésita. Bien sûr la tentation le chatouilla délicieusement. Bousquier, B-o-u-s-q-u-i-e-r. Mais non... Mieux valait arrêter les frais. Bousquier avait son compte et, au cas où, il y avait le jeu de cartes magique. Théo décida d'être non seulement puissant, mais bon et magnanime. Il planait sur des hauteurs dont ne se doutaient pas les deux adultes qui croyaient l'impressionner.

— Je ne sais pas, monsieur. C'était un élève de Seconde, je crois. Je ne le connais pas...

— Bon, monsieur Gubert, nous avons du travail. Laissez filer ce garçon, vous réglerez cela une autre fois. Montrez-moi ces listes.

— Hum, hum, bien.

Collaborer avec ce bouledogue de Gugusse n'était apparemment pas agréable à l'élégant M. Lemeing.

Théo marchait comme un automate dans le grand couloir. Ah ! si ce pauvre Gaston avait su ! Il n'aurait pas échangé son trésor contre tous les devoirs du monde ! Ainsi, pour une fois ce baratineur n'avait rien exagéré. Une nouvelle vie commençait. Il grimpa machinalement vers le quartier des pensionnaires, au second étage de l'interminable bâtiment. Vite ! s'enfermer dans sa chambre, contempler le tarot tranquillement, imaginer les souhaits les plus prodigieux et... les formuler !

*
* *

Il referma l'éventail des cartes, serra fort ce paquet très lisse, mais comme alourdi par les siècles. Une favorite de Louis XIV l'aurait tenu dans sa main, comme lui, élève anonyme de la Quatrième A2 ? Et après elle, d'autres personnages – *d'autres sorciers* – à travers le temps ?

Il battit le jeu. Il rouvrit l'éventail. Une fois de plus, LE DIABLE, LA ROUE DE FORTUNE et L'ARCANE SANS NOM apparurent côte à côte, au centre.

Vite, dégager la table encombrée de cahiers et de dictionnaires, battre le jeu, le rebattre, l'étaler lentement, recommencer, et encore, et encore.

Résultat invariable : LE DIABLE, LA ROUE ET LA MORT refusaient de se séparer.

Théo demeura un moment rêveur.

Essayer autre chose. Prendre le XV, LE DIABLE, et le placer ailleurs. Une force invisible empêcherait-elle son geste ? Il s'y attendait presque. Ouf, non, tout de même pas ! Il installa LE DIABLE entre LE JUGEMENT et LE MONDE, dans la première rangée, attendit quelques secondes, puis rassembla le paquet, l'étala *sans l'avoir battu*.

Au milieu... les trois cartes magiques trônaient de nouveau ensemble.

Il n'était pas question de coïncidence. Quelqu'un ou quelque chose agissait. Ce même quelqu'un ou quelque chose qui avait fait dégringoler cinq marches à Henri Bousquier et qui avait rendu Gubert amnésique.

Qui ? Ce Diable, là, sur la carte, qui adressait un bonjour avec ses quatre doigts griffus ?

Froissement. Un gros corbeau, derrière la vitre embuée, soulevait encore ses ailes avant de s'immobiliser. Théo l'observa. Puis l'oiseau disparut, se laissant tomber dans une rafale de vent.

À quel monde le tarot appartenait-il ? Pas à celui de Théo en tout cas, ni à celui de M. Salz avec ses chiffres et sa logique.

Le corbeau fit une nouvelle halte.

Théo se leva et se posta devant sa fenêtre. Faute d'explication, il rêva. Le soleil déclinant embrasait l'horizon au-delà de la grille du lycée.

Quelques pensionnaires, d'après la rumeur, avaient troué cette grille et jouaient les explorateurs. Au-delà de cette mince frontière s'étendait une végétation impénétrable. Jadis il y avait eu là des pelouses, des bassins, des parterres. C'était le domaine du château de Sceaux, laissé à l'abandon, dont les toits émergeaient entre des arbres centenaires.

Rumeurs encore : un souterrain communiquait avec le château, on allait créer là-bas un pensionnat de filles...

Les regards de Théo erraient sur cette jungle. Il aurait aimé s'y aventurer comme certains. Mais il ne l'avait pas vraiment envisagé. Sortir du lycée, pour un pensionnaire, c'était évidemment s'exposer aux pires « gugusseries ». Un sourire illumina son visage mince.

« Et si je demandais au tarot de m'expédier dans le parc de Sceaux ? Qu'est-ce que ce serait bien ! Rien à craindre, maintenant, du côté de Gugusse, le surveillant général est *en mon pouvoir*...

» Non, je vais d'abord souhaiter qu'on construise là-bas ce fameux pensionnat de filles.

» Mais ça va prendre du temps.

» Et si... Oui ! si je demandais au tarot que le pensionnat de filles soit déjà là, que j'aie déjà rendez-vous avec une fille... Ah ! il faut aussi demander de devenir moins timide...

» Est-ce que le jeu serait assez puissant pour réaliser de pareils miracles ? Rien n'empêche d'essayer. »

Peu à peu les lames brillaient, de plus en plus intensément, bien davantage que les deux premières fois.

« Tous ces vœux seraient donc réalisables ? »

Et il ouvrit la bouche pour souhaiter. Pour transformer sa vie en rêve. Mais il s'interrompit. Une idée venait de le traverser :

« S'il n'y avait qu'un nombre limité de vœux, comme dans les contes de fées ? Car je suis quasiment dans un conte de fées... Seigneur, mieux vaut être prudent ! Et moi qui allais souhaiter n'importe quoi ! »

Il cligna les yeux. Les trois cartes s'éteignirent et le bourdonnement disparut.

Avec une pensée nostalgique pour la délicieuse Anne qu'il allait séduire (il avait décidé qu'elle s'appellerait Anne), il prit le parti de se calmer. Le jour baissait. Il alluma sa lampe à pétrole. Il restait quelques minutes avant l'heure du dîner. Il allait compléter la séance par une étude plus approfondie des autres lames.

L'EMPEREUR, L'IMPÉRATRICE, LE PAPE, LA PAPESSE, L'AMOUREUX, LE CHARIOT, LA JUSTICE, LA FORCE, LA TEMPÉRANCE, LE VAGABOND, LE MAT, LA LUNE, LE SOLEIL, LE MONDE.

LE JUGEMENT, avec tous ces morts qui sortaient de leurs tombes.

LE PENDU, un jeune costaud pendu à une branche par un pied, les mains liées dans le dos.

L'ÉTOILE. Il s'attarda davantage sur cette lame qui représentait une jeune fille nue, de face, agenouillée, vidant l'eau de deux amphores dans une rivière. Le dessin était assez précis et Théo sentit une chaleur dans ses joues (il repensait à Anne).

LE BATELEUR. « On dirait Gaston... Ah ! pauvre Gaston quand j'y pense ! » Un vrai petit roublard, ce bateleur, avec ses vêtements bariolés, son poignard, les pièces d'or sur la table avec des dés. (« Sûrement pipés, les dés. Décidément, c'est bien Gaston. Ah, pauvre Gaston ! »)

Enfin la lame numéro XVI, LA MAISON-DIEU. Deux personnages tombaient la tête la première du haut d'une tour en flammes. Des boules multicolores flottaient dans le ciel. Étrange.

Il revint aux trois arcanes du centre, *les Trois,* comme il les appelait intérieurement. Il passa l'index sur leur surface lisse. Rien de particulier. Juste du carton peint. Bon. Autant ranger le jeu pour ce soir. Il leva la main, prêt à rassembler les arcanes, puis arrêta son geste.

Sur LA ROUE DE FORTUNE, le dessin avait changé.

Le chien et le singe... Mais oui, ils s'étaient un peu déplacés. Comme si la roue avait tourné...

Théo se précipita sur la roulette de la lampe à pétrole pour augmenter l'intensité de l'éclairage.

Pas de doute : le chien était presque en haut, le singe presque en bas. À l'origine ils étaient sur les côtés. Il en était absolument certain.

Inutile de se poser mille questions. Le tarot était magique, et tant qu'il accomplissait les souhaits, la vie était belle. Bientôt il éteignit la lampe et sortit.

Résolu à ne pas se séparer de ses arcanes, il avait l'étui en poche.

« J'espère que je ne suis pas en retard », se dit-il.

Il avait rendez-vous, à la salle de jeux, au rez-de-chaussée, avec le plus étrange des pensionnaires.

Ici grands et petits se mêlaient, déambulaient, passaient d'un jeu à un autre. Ce n'étaient que bruits de pions sur du bois, éclats de voix soudains, suivis de coups d'œil vers la porte pour guetter une apparition du surveillant.

Théo chercha parmi les tables. Paul Saint-Briac, au fond, attendait devant un échiquier.

— *Hello,* Peyreix ! Tu tombes bien, il n'y a pas un joueur correct ici !

Quel frimeur ! Comme si Théo arrivait par hasard !

Saint-Briac était en Première. Élève brillant, il s'était acquis une certaine célébrité pour son insolence et ses manières originales. Comme partenaire attitré aux échecs, Théo occupait une position assez flatteuse. Il ne manquait pas un rendez-vous, même si c'était pour se faire battre à plate couture.

— Des nuls, vraiment des nuls, insista Saint-Briac avec lassitude.

Deux grands assis plus loin lui jetèrent un regard furibond.

— Plus rien à lire, personne à exterminer sur le terrain de rugby... Je m'ennuie, mon bon. Tu n'as pas une cigarette ?

Saint-Briac secoua sa mèche blonde qui retomba à la même place, sur les yeux gris à demi fermés de quelqu'un qui connaît la vie et que plus rien n'amuse.

Fumer était interdit, bien sûr, et ce n'était pas Théo qui risquait d'avoir du tabac. Mais c'était une phrase habituelle à Saint-Briac, qui la répétait par provocation.

— *Well,* à toi les blancs, Peyreix.

Théo s'assit face à l'échiquier, ébouriffa ses cheveux châtains, hésita. Comment se concentrer sur les pièces de bois blanches et noires alors que le tarot pesait dans sa poche comme un trésor ?

La dame blanche partit se promener trop tôt sur l'échiquier. Elle se fit prendre par un cavalier – ce qui provoqua un sourire narquois de Saint-Briac.

Comme il était agaçant, celui-là ! Tout le monde craignait sa langue de vipère mais tout le monde l'admirait. Gaston le premier, qui n'arrêtait pas de répéter bêtement : « Tu vois, c'est ça, la classe ! » De toute façon, Gaston était hors compétition et n'avait rien à regretter.

Un pion blanc sauta, puis deux, puis un fou. Théo continuait à grommeler intérieurement.

— C'est une question d'âge, c'est tout, disait-il à Gaston. Tu verras quand j'aurai seize ans...

— Oui, mais toi, à seize ans, répondait Viel, tu ne seras pas en Première avec un an d'avance, patate. Et tu seras peut-être champion d'échecs, mais sûrement pas de rugby.

Pauvre Gaston ! Il n'était plus là pour faire ce genre de réflexion idiote.

Une tour s'envola dans la boîte. Échec. Le roi blanc se faufila entre deux pions.

— Bon ! Si je me concentrais un peu ?

— Échec et mat !

Déjà ? Saint-Briac balaya les pièces, fixant Théo de son regard méprisant.

— En si peu de coups, reprit-il, c'est lamentable. À croire que tu l'as fait exprès. Tu as décidé de devenir aussi minable que les autres ? Alors je te prierai de m'éviter ta compagnie. La médiocrité m'indispose.

Théo se mordit les lèvres. Bien sûr Saint-Briac le battait toujours, mais jamais aussi facilement. Et puis il le complimentait ensuite, en bon *gentleman* qu'il se croyait.

— Désolé, balbutia Théo, je suis fatigué. J'aurais mieux fait de ne pas jouer.

— Espérons que tu seras en meilleure forme la

prochaine fois. Sinon, je n'aurai plus qu'à jouer aux échecs tout seul. Eh bien, adieu, *my dear*[1] !

Théo quitta la salle rapidement.

« J'aurais dû utiliser le tarot, faire le vœu de battre Saint-Briac... », se dit-il soudain, plus tard, en entrant dans le réfectoire.

Un fin sourire étira ses lèvres. Peu importait de toute façon. Maintenant, il pouvait gagner quand il le voulait. Ce n'était pas à une fois près. Il pouvait même vaincre les plus grands champions. Tout lui était offert.

À la nuit tombée, pelotonné sous sa couverture, Théo entendit résonner la voix du vieux Périssole : « *Le genre de mésaventure, comprenez-vous, qui arrive aux apprentis sorciers.* »

Pourtant ce n'était pas son professeur de latin qu'il voyait. Non, c'était celui qui lui avait fait signe dans la cour, la veille. L'homme élégant, l'inconnu au teint pâle et aux yeux noirs.

Il regardait Théo sombrer dans le sommeil. Il souriait. Des dents sortaient de son sourire.

---

1. En français : « mon cher ».

4

Mercredi 9 mai

M. Vecchioni avait une grande quantité de mentons. Il parlait aussi avec un terrible accent corse qui transformait chaque voyelle en grondement.

On écoutait tellement son cours qu'on finissait par le trouver intéressant. On ne bavardait jamais. On ne regardait pas son voisin. On ne suivait même pas le trajet d'une goutte de pluie sur la vitre.

Non, on courbait la tête et on notait les vérités définitives assenées par M. Vecchioni sur la littérature française. Il soufflait, s'échauffait, grognait, s'énervait tantôt tout seul, tantôt contre quelqu'un. Parfois, comme un monstre qui change de forme, il détachait deux mots avec une petite voix aiguë qui donnait la chair de poule.

Ce matin-là, les vers de Racine roulaient dans sa bouche comme un train de marchandises sous un tunnel :

— *Mais je veueux que ma moort te soit mêême inutiile...*

Bedot enfouit son crâne dans sa main moite. Le train de marchandises, qui arpentait les rangs, venait de passer avec fracas. Une gerbe de postillons s'abattit sur son pupitre. Ouf, parti ! Il serait tranquille pendant au moins quinze vers. Le plancher tremblait maintenant au sud-est, vers Bousquier.

— *Ne crois paas qu'en mouraant je te laiaisse tranquiille...*

Théo, assis au troisième rang derrière Jules Pépin, était l'image de l'élève modèle : mâchouillant son porte-plume, les sourcils froncés, profondément absorbé.

« Pourquoi le chien et le singe ont-ils bougé ? Hum, c'est plutôt la roue qui a tourné... Oui, ça doit être ça. Et ça doit signifier quelque chose. Ou alors j'ai mal vu... Oh ! J'aurais dû vérifier ce matin, en me levant ! Et si je jetais un œil, pendant qu'il lit... »

Protégé par le dos de Jules Pépin, Théo chercha les cartes dans la poche de sa veste, sans remuer l'épaule. Rien à craindre, M. Vecchioni était possédé par le texte de *Britannicus*. Théo sortit le paquet sur ses genoux, fit défiler les lames, rencontra très vite LA ROUE DE FORTUNE.

— *Tes remoords te suivroont comme autaant de furiies...*

Décidément, non. Le chien et le singe n'étaient plus du tout à leurs places initiales...

— *Tu croiraas les calmeer par d'auutres barbariies...*

Le sphinx, au-dessus de la roue, n'avait pas bougé. À moins que... Son sourire n'était-il pas plus large ?

— *Ta fureurr s'irritaant soi-mêême dans son couours...*

Oui... avant, le sphinx n'avait pas cet air ravi...

— *Mais dites-mouâââ, Peyreieix, que faites-vous en couours ?*

Tiens, c'est bizarre, il y a un Peyreix dans *Britanni...*

Théo releva la tête, pris dans un bloc de glace. Le regard de Vecchioni était braqué sur lui. Les sourcils gris et broussailleux ne formaient plus qu'une seule barre, signe d'une colère d'intensité maximale. Théo balbutia :

— Rien... Je...

— Ah ! vous ne faites *rien* ! Oui, c'est bien ce qu'il me semblait, que vous ne faisiez *rien,* au lieu d'écouter ces vers immortels ! Approchez, et apportez-moi ces cartes, oui, ces cartes que vous regardiez, petite fripouille !

Théo se dirigea en flageolant vers la chaire. M. Vecchioni s'empara du jeu de tarot et le brandit devant la classe pétrifiée.

— Le jeu ! Le jeu qui ruine, le jeu qui corrompt ! Voilà l'activité de ce soi-disant bon élève pendant mes cours !

Puis, jetant les cartes sur le bureau, la grosse main poilue attrapa la joue de Théo, chercha l'endroit le plus tendre, et commença à tordre. Le malheureux penchait la tête, se haussait sur la pointe des pieds, les yeux emplis de larmes. Le monde s'effondrait.

— Aïe ! aïe ! monsieur, non !

— Et c'est cette canaille qu'on a félicitée ce trimestre ! C'est cet hypocrite brigand que j'ai si souvent encouragé ! Quelle déception ! Soyez sûr que j'en informerai votre père ! Il sera ravi d'apprendre que son fils joue aux cartes pendant les cours ! Lui qui probablement, comme moi, mettait en vous quelque espoir ! En permanence ! avec les trublions et les cancres, petit sournois ! Pépin, accompagnez-le et ne le lâchez pas d'une semelle, il serait bien capable de vous tromper aussi. Mauvaise graine !

Théo quitta la salle en hoquetant, la joue en feu et la mort dans l'âme.

— T'en fais pas trop, c'est un Méridional comme

moi, lui dit Pépin dans le couloir, s'attribuant au passage un aussi fort tempérament que M. Vecchioni. On a le sang chaud, nous autres, les gens du Midi, mais on sait pardonner. Et il t'estime.

Théo n'en croyait rien. Sa carrière au lycée Lakanal était compromise et ce n'était pas le plus grave.

Le tarot !

Pour tout arranger, il avait eu le temps d'apercevoir, avant de sortir, le radieux sourire d'Henri Bousquier.

Dans la cour, il tomba sur Gugusse.

— Hum, hum. Ah, hum, Peyreix. Montre-moi ce papier. Hum, hum, signé M. Vecchioni.

Théo attendait une gifle. Elle arriva. Il sentit sa tête suivre le vent, et Gugusse s'éloigna satisfait.

— Un malheur n'arrive jamais seul, dit philosophiquement Pépin.

Théo essuya rageusement de grosses larmes de colère et de douleur. Peu à peu, une tache noire et brouillée qui se dessinait à quelques mètres se transforma en l'homme élégant qu'il avait déjà vu deux jours plus tôt, quand Gaston lui avait donné le tarot. Au beau milieu de la cour, appuyé sur une canne, il souriait à Théo. Il souleva son chapeau haut de forme et salua légèrement. Il faisait une moue triste, comme s'il voulait montrer qu'il compatissait aux malheurs d'un ami. Théo fit un pas dans sa direction, hésita, s'immobilisa à nouveau.

« Il n'était pas là tout à l'heure. Je ne l'ai pas vu. D'où... ? »

Théo rejoignit Pépin en courant, mal à l'aise, persuadé que l'inconnu le suivait des yeux. Aurait-il dû répondre à ce salut ? Mais quand il se retourna, l'homme n'y était plus.

Ah ! pourquoi, mais pourquoi avait-il fait cela ? En plein cours de français ! Enfin quoi ! Vecchioni avait le don de double vue. Rien ne lui échappait, pas le plus petit dessin gribouillé dans une marge, pas le moindre coup d'œil jeté sur la dictée du voisin. Comment lui, Théo, avait-il pu être assez bête pour déballer son tarot, son irremplaçable trésor ? Il avait failli laisser l'étui dans sa chambre, bien caché au fond du tiroir. Pourquoi s'être ravisé au dernier moment ?

Cet affreux professeur allait tout dire à son père. Maître des quatre cours du lycée, maître de son destin, séducteur... c'était fini, ce beau rêve. Il se remit à pleurer en silence, sans secousses, perdu au fond de la salle de permanence.

À treize heures, il quitta le réfectoire en toute hâte. Il n'avait rien mangé. Il passa le grillage de la cour centrale, longea l'allée pavée de l'administration, descendit la pente du parc.

Il n'avait qu'une envie : aller à son jardin.

C'était une originalité du lycée Lakanal. Les pensionnaires qui le souhaitaient disposaient de quatre mètres carrés de terre, dans un endroit retiré du parc.

— Oh ! p'tit, t'as pas l'air en forme, dit M. Bénèche, le vieux jardinier, en lissant sa longue moustache filandreuse, appuyé sur son râteau. Va, j'suis pas curieux. Rien de tel que les plantes quand les hommes vous font du mal.

Théo ne répondit rien. Il aimait bien le père Bénèche, mais n'avait pas envie de bavarder.

— Hé, p'tit ! un conseil, enlève le muguet, y sert plus à rien. Dégage plutôt tes iris. Parce qu'y fleuriront en juin, et juin, c'est le mois du concours. Toi, t'as toutes tes chances pour le premier prix.

Théo écarquilla les yeux. Le premier prix ! Il n'aurait jamais espéré...

— Çui d'Bousquier, il est pas mal non plus. Regarde-le. Ouais, l'premier prix, à mon avis, c'est entre vous deux. Pense aux iris ! T'as un sol gras qui leur convient au poil.

— Merci du conseil, monsieur Bénèche !

Difficile d'imaginer Bousquier en train de soigner un rosier. En tout cas, l'idée de lui rafler le premier prix était plaisante. C'était même la seule chose qui venait éclaircir cette sale journée. Il arracha les pieds de muguet, ôta quelques mauvaises herbes. Soudain, un chuchotement le fit tressaillir. Il s'immobilisa, le sarcloir à la main.

— Psitt ! Peyreix !

La voix de Gaston ! Ici ?

M. Bénèche était entré dans un appentis. Théo fit un pas hors de son enclos et prêta l'oreille.

— Théo ! Je suis là !

Théo gagna les fourrés qui longeaient le mur d'enceinte du lycée, écarta les branches, s'engouffra. Le chuchotement sortait de cet endroit. Il y avait un couloir de feuillages contre le mur. Gaston était là, à quatre pattes, et battait l'air avec une main. Dieu sait comment il s'était introduit dans le lycée.

— Ça alors, Gaston, qu'est-ce que tu fais là ? Tiens, voilà tes lunettes !

— Ah, merci, je venais de les perdre. Quelle veine, quelle veine que tu sois là ! Je t'attendais, j'espérais bien que tu viendrais ! Ah ! comme je suis content de te voir !

Théo était abasourdi.

— Moi aussi mais... tu veux quoi, au juste ?

— Le tarot !

— Quoi ?

— Il faut absolument me le rendre ! Je suis venu pour ça.

Théo ouvrit la bouche, la referma. Gaston le fixait,

une main tendue, déjà prête à recevoir l'étui de cartes.

— Mais... je ne peux pas...

— Je t'en supplie, Théo ! Ma mère s'en est aperçue, il faut qu'elle le récupère. Écoute, t'auras ce que tu veux à la place ! Tiens, un vélo, tu sais, comme celui que tu souhaitais pour Noël ! Eh bien, elle te l'achètera ! Mais faut rendre le tarot !

Évidemment ! La mère de Gaston savait que le jeu était magique. Elle n'allait pas l'abandonner facilement. Et que lui offrait-elle en échange de cet objet prodigieux ? Une bicyclette ? Quelle plaisanterie ! Théo se mordit les lèvres. De toute façon, il n'avait pas à chercher de mensonge pour sauver son trésor : il l'avait perdu.

— Écoute, Gaston, je ne peux pas. Je me suis fait confisquer le jeu ce matin, pendant le cours de Vecchioni...

— Quoi ? Quoi ? Tu rigoles ? Oh ! mon Dieu ! mon Dieu ! Par Vecchioni en plus ! On est cuits !

Et le gros garçon s'assit par terre, sur le sol boueux, les yeux dans le vide. Théo s'accroupit à côté de lui.

— Pourquoi ? Qu'est-ce qu'il y a ?

— Tu vas pas me croire, ça va encore te faire marrer.

— Mais non, vas-y, raconte !

Gaston avala sa salive avec difficulté, regarda autour de lui comme s'il craignait d'être espionné.

— Tu sais, ma mère est un peu spéciale. Elle fait tourner les tables, elle tire les cartes... Elle appelle ça « du spiritisme ». Moi, je dirais plutôt « de la sorcellerie ».

Le cœur de Théo s'accéléra. Une sorcière, Mme Viel ? Il revit la grande femme rousse qui agitait son parapluie sur les marches de l'administration. Elle n'avait pas l'air commode du tout. Gaston continuait :

— Je ne sais pas comment elle a deviné que j'avais pris le tarot, mais c'était pas la peine de nier. Je lui ai tout raconté. Alors, elle est devenue blanche. Elle a répété : « Trois jours ! Trois jours ! » et puis : « Quel danger ! Mon Dieu ! pourvu que... »

— « Pourvu que » ?

— Oui, « pourvu que... » sans finir sa phrase. Je lui ai dit que j'arriverais bien à te parler. Elle a prévu que tu refuserais de rendre les cartes. Alors elle m'a recommandé de t'avertir que tu étais en danger. Oui, en danger. Qu'il fallait que tu te méfies, que les cartes étaient envoûtées et qu'on ne joue pas avec ça. Elle m'a fait peur, tu sais. Elle avait un visage terrible. Et puis elle m'a même pas grondé : ça, c'est bien la preuve que c'est grave.

Théo se redressa. Évidemment, c'était grave !

Mme Viel venait de perdre des cartes magiques qui accomplissaient les vœux !

— Eh bien, tu lui diras que je n'ai plus les cartes, voilà.

Gaston se releva, pensif.

— Peut-être que Vecchioni les lui rendra, à elle, si elle va le voir ? Je repars, je vais lui raconter ça. Salut !

Son gros derrière s'enfonça sans plus de manières dans les feuillages. Cette vision se figea.

— C'est pas des bobards, hein, que tu l'as plus ?

— Les bobards, c'est ton truc, Viel. Prends pas ton cas pour une généralité.

Le derrière poursuivit sa route.

Théo revint dans son jardin. Et si Mme Viel avait dit la vérité ? Si le tarot était dangereux ? Il n'avait eu que des ennuis depuis l'échange avec Gaston.

Mais sans le tarot Bousquier lui aurait cassé la figure et il se serait déjà fait renvoyer. Le tarot l'avait vraiment aidé. Jamais il ne l'aurait rendu, jamais... s'il avait pu.

Deux heures. Le roulement de tambour gronda au loin. Programme de l'après-midi : une heure d'anglais, une heure de latin et – horreur – une heure de grammaire avec Vecchioni !

*
* *

— Peyreix ! Je vous rends vos cartes. Le fait qu'il s'agisse d'un ancien tarot divinatoire me rassure un peu sur la qualité de votre esprit. Vous n'êtes pas un vulgaire joueur de belote. Mais je vous mets en garde contre ces superstitions. La lecture des classiques vous sera plus profitable. Et vous êtes prié de suivre en cours. L'incident est clos.

C'était du jamais vu. Vecchioni, rendre un objet confisqué et « clore un incident » ! Théo eut droit à plusieurs regards de haine. Un chouchou, un insupportable chouchou, voilà ce qu'il était. Lui-même, bouleversé de joie, n'y comprenait rien. Et puis le professeur paraissait fatigué, il s'était déplacé jusqu'au pupitre du « chouchou » pour lui rendre son bien et revenait d'un pas pesant vers sa chaire.

Théo serra très fort dans sa main le jeu retrouvé.

Alors il sentit un chatouillement. L'étui ondula légèrement, comme s'il contenait un animal vivant. Un animal qui aurait retrouvé son maître et qui se frotterait contre lui.

Coupé du monde, il voyait remuer au loin les lèvres épaisses de M. Vecchioni. Le soleil se cacha et il se mit à pleuvoir. Par la petite fente de l'étui, un léger rayonnement s'échappait. LE DIABLE, LA

ROUE DE FORTUNE et LA CARTE SANS NOM. Les arcanes s'étaient sûrement mis à briller.

Il aurait dû ranger le jeu. Au lieu de cela il le gardait en main, crispé. Toute la classe courbait l'échine, notait les règles de l'imparfait du subjonctif. M. Vecchioni parlait, là-bas. Et M. Vecchioni le voyait forcément, avec son tarot dans les mains. Il ne l'appelait pas pour lui tordre la joue. Comment était-ce possible ?

« Qu'est-ce qui me prend ? »

Il se vit étaler le jeu tranquillement, sur son pupitre, au nez et à la barbe du professeur. Effectivement, *les Trois* brillaient. Regardez, monsieur Vecchioni, comme c'est beau ! Celle-ci ? C'est LA MAISON-DIEU. Et celle-là ? LE BATELEUR. On dirait Gaston, Gaston Viel qui vient d'être renvoyé, vous savez ?

Au roulement de tambour, Théo empocha son tarot. Il l'avait contemplé pendant toute l'heure, Vecchioni n'avait pas bronché, les autres n'avaient rien vu.

Le tarot répandait sa magie autour de lui. Théo était le maître. Fini le cauchemar. Et il avait la sensation que le tarot ne se contentait pas de le protéger. Le tarot l'aimait, voulait lui appartenir.

Au moment où il allait sortir comme porté par un nuage, un signe de Vecchioni le retint.

— J'ai vu votre manège. Vous m'avez encore nargué avec vos cartes. Je n'ai pas interrompu mon cours, parce que deux colères en une journée seraient un signe de faiblesse. Je ne connais pas votre but, Peyreix, et je ne veux pas le connaître. Je vais convoquer votre père et prévenir M. le proviseur. Dans une semaine vous ne serez plus élève du lycée Lakanal. Vous pouvez disposer.

M. Vecchioni avait parlé très doucement. Chaque mot était tombé comme le couperet de la guillotine.

Théo s'en moquait.

Il n'avait qu'une chose à faire.

Un vœu.

Seul dans la salle de jeux, son petit monde magique étalé devant lui, il murmura sa formule :

— Tarot ! Que Vecchioni ne convoque jamais mon père ! Qu'il ne puisse parler de cette histoire à personne :

Il venait de cligner les yeux et les trois arcanes magiques s'étaient à peine éteints qu'une voix moqueuse s'éleva :

— Hm... Diseuse de bonne aventure ? Tu lis sans doute aussi dans le marc de café. Alors, pourrais-tu me dire à quel brillant avenir je suis voué ? Remarque, non. Je ne veux pas savoir. Il faut se réserver quelques surprises, la vie est assez ennuyeuse comme ça. Je suppose que, si tu es là aussi tôt, c'est que tu te sens paré pour les échecs, cette fois.

Théo rangea le jeu et fit à Saint-Briac son plus beau sourire. Ce soir-là, il fut très près de le battre.

5

Jeudi 10 mai

Le tambour s'était tu depuis deux minutes et on n'avait toujours pas l'autorisation de s'asseoir. Il exagérait, Vecchioni. Quel tyran !

Le vieil homme avait tourné son fauteuil vers la fenêtre. De la classe on n'apercevait, de trois quarts dos, que son épaule massive et ses cheveux grisonnants. Il n'accordait pas la moindre attention aux élèves. Bien calé, la tête droite, il regardait au loin. Le parc, le dôme d'un petit pavillon, les cimes touffues des arbres du domaine : Théo connaissait par cœur cette perspective, il voyait la même depuis sa chambre. Ainsi ce bouledogue était capable de rêver devant ces paysages ? Non, c'était une tactique de vieux roublard. Salz, qui réclamait le silence en hurlant, l'obtenait beaucoup moins bien.

La Quatrième A2 patienta longtemps, longtemps. Bousquier se raclait la gorge, roulait les épaules, Lebrun dansait d'un pied sur l'autre, Pépin se passionnait pour un détail du plafond.

Neuf heures cinq. Neuf heures sept. Neuf heures dix.

Qu'est-ce qu'on avait fait de mal ? Pourquoi cette brimade ?

À neuf heures douze, Morin, « M. Premiers-Prix », intervint :

— Monsieur... Pouvons-nous nous asseoir, s'il vous plaît ?

— Monsieur, qu'est-ce qu'on doit faire ? enchaîna Bousquier.

Vecchioni ne remua pas un cil.

Théo essuya ses mains moites. Une vague d'anxiété monta de son estomac à sa gorge. À neuf heures quinze Vecchioni n'avait toujours pas bougé.

À bout de patience, les oreilles bourdonnantes, Théo quitta son pupitre. Il monta sur la longue estrade. Le large dos du professeur lui faisait face comme une muraille.

— Monsieur Vecchioni...

Il jeta un regard effaré à la classe, puis s'avança

lentement. Il s'arrêta net. Par-dessus l'épaule il voyait les deux mains. Elles s'agrippaient convulsivement aux cuisses, froissant l'étoffe du pantalon. Leur couleur, habituellement rouge sang, était d'un jaune écœurant. Il hésita, toucha l'épaule. La tête jusqu'alors parfaitement droite bascula d'abord en arrière, dépliant en accordéon le quadruple menton, puis le corps qui s'affaissait l'entraîna en avant. Le professeur piqua du nez contre la vitre, et s'écroula lourdement.

Théo resta figé au-dessus du cadavre. Autour de lui un bruit de volière, la classe qui s'enfuyait ou se bousculait pour approcher... Dans un état second, Théo se livrait à un examen attentif. Le corps, en chien de fusil, n'avait pas vraiment changé de position. Une des mains avait lâché le pantalon mais restait crispée dans le vide. L'autre agrippait toujours l'étoffe. La bouche à moitié ouverte se tordait dans un hurlement muet. La lèvre supérieure, soulevée comme chez un cheval qui renâcle, découvrait la gencive. Tout le visage était cireux, les traits contractés à l'extrême. Un voile terne recouvrait les yeux écarquillés. Mais ils étaient remplis d'une terreur sans nom.

Qu'avaient vu ces yeux ?

Théo frissonna. Les murs, le plafond, les tables, tout se mit à tourner.

*
* *

— Reprends de l'eau de mélisse sur un sucre. Et repose-toi. Tu es resté évanoui assez longtemps. Il faut que tu retrouves tes esprits.

Marguerite, la vieille infirmière, sortit sur la pointe des pieds. L'odeur de l'éther et des pansements imprégnait les draps rugueux, les vieilles couvertures grises. Théo entendait pleurer dans une pièce voisine. Un petit de Sixième, sûrement. L'infirmerie était le seul endroit du lycée où l'on pouvait mendier un peu de tendresse.

Il n'avait aucune envie de dormir. Assis sur le bord du lit de fer, il contempla son visage dans un miroir suspendu en face de lui. Ses lèvres s'ouvraient toutes seules, ses cheveux s'ébouriffaient au-dessus de son front pâle. Comment oublier l'œil de Vecchioni ?

« Qu'est-ce que j'ai dit au tarot ? *Que Vecchioni ne convoque jamais mon père ! Qu'il ne puisse parler de cette histoire à personne !* Eh bien voilà, il ne parlera plus à personne... »

Il prit un des morceaux de sucre, l'aspergea d'eau de mélisse et le mit à fondre sur sa langue. Lui, Théodore Peyreix, avait tué M. Vecchioni ?

« Mais non, enfin, ce n'est pas ma faute ! Je n'ai jamais demandé qu'il meure. Je ne l'ai même pas pensé ! Je voulais juste qu'il oublie tout, comme Gugusse et le censeur l'autre jour ! »

Il marcha jusqu'à la fenêtre.

« Eh bien voilà, il a tout oublié... »

L'herbe et les feuilles du parc brillaient d'un vert éclatant, les oiseaux chantaient, des multitudes de pâquerettes perçaient le gazon. Une belle matinée de printemps. Jamais le lycée n'avait été aussi paisible. Pourtant rien ne serait plus comme avant. Vecchioni avait été tué. Pas par lui Théo, ni directement par quelqu'un. Mais par... quelque chose. *Quelque chose* qui rôdait dans le lycée.

« Et il est mort de peur, oui, de peur. Il regardait par la fenêtre. Le domaine... »

Un grand frisson parcourut l'échine de Théo.

« Oui, le domaine. Qu'est-ce qu'il a bien pu voir ? LA MORT ? Le squelette à la faux de la carte XIII ? »

Les Trois... Ces lames avaient sûrement le pouvoir de tuer. Elles étaient maléfiques, *envoûtées*, avait dit la mère de Gaston. L'image de la grande femme rousse ressurgit dans son esprit affolé.

« C'est ELLE ! Mme Viel ! La sorcière ! Gaston lui a dit que Vecchioni avait le tarot. Elle voulait le récupérer. C'est forcément elle. Elle a lancé un sort, et maintenant... Maintenant, elle va savoir qu'il n'avait plus le tarot. Elle va deviner que je l'ai récupéré. Et... »

Théo s'aperçut que, lui aussi, il regardait par la fenêtre. Il était au premier étage et ses yeux, depuis un moment, fixaient machinalement le domaine : une tache grise qu'il savait être une vieille statue rongée par la mousse, la coupole du pavillon isolé, les toits de l'orangerie... Il baissa les paupières, regagna le lit en titubant.

« Il ne faut plus regarder là-bas. »

Son cœur battait si fort qu'il se frotta la poitrine. Il allait mourir, lui aussi. Mme Viel tuait, un par un, les voleurs de son tarot.

« Elle ne doit pas le reprendre. Je vais faire un vœu pendant que j'en ai le temps. Mais je me trompe peut-être. Et il s'agit de la mère de Gaston. Oh, mon Dieu, mon Dieu ! »

Il tira l'étui de sa poche, étala les cartes sur le lit. *Les Trois* dardaient leur lumière étincelante. C'étaient des armes de mort, ces jolis dessins. Et lui, pauvre pensionnaire, il en était le maître.

« Je dois trouver la bonne formule. »

Il hésita, puis dit :

— Il ne faut pas que Mme Viel puisse me nuire ni me trouver. Mais il ne faut pas non plus qu'il lui arrive malheur.

Marguerite entra comme il venait de ranger l'étui.

— Tu t'es levé ? Mais tu es encore bien pâle. C'est naturel après ce que tu as vu – pauvre M. Vecchioni, Dieu ait son âme ! Tu as de la visite. Ne t'échauffe pas trop.

Elle s'éclipsa. Apparurent la tignasse rousse de Bedot et les grosses lunettes de Lebrun. Ils s'assirent de chaque côté sur le lit.

— Mon pauvre vieux ! dit Lebrun. Tu vas mieux ? J'en reviens pas... Personne n'aimait Vecchioni, mais ça fait quand même un choc !

Théo se serait volontiers passé de cette conversation.

— Qu'est-ce qui est arrivé pendant que j'étais évanoui ? On sait de quoi il est mort ?

— La pagaille la plus complète. Même Gugusse n'était pas fier. On a emmené le corps dans une chambre à l'internat. Toi, on t'a transporté ici. Le censeur est venu avant la cantine et il nous a dit que, d'après le médecin, Vecchioni avait eu une crise cardiaque.

Théo ne répliqua rien. Bedot et Lebrun étaient secoués mais pas autant que lui. Ils n'avaient sans doute pas vu le visage du mort, et surtout ils n'avaient pas de tarots magiques, c'étaient des garçons de Quatrième normaux, enfermés dans leur routine. Quelle chance ils avaient !

— C'est bizarre, maintenant je me dis que c'était un sacré prof ! reprit Bedot. Pourtant il ne faisait pas de cadeaux. Allez, salut, on va être en retard en maths.

À six heures, Théo longea les murs comme une ombre pour ne pas croiser Gugusse ou Bousquier et alla droit à son jardin. Une odeur de fumée l'attira derrière un gros chêne. Allongé par terre, indifférent au risque de se faire surprendre ou à celui de salir son uniforme, Saint-Briac regardait le ciel à travers ses mèches blondes, une cigarette plantée au coin des lèvres. Théo ressentit, une fois de plus, ce mélange d'admiration et d'agacement. Saint-Briac ne fumait que pour la frime, il en était sûr.

— Tiens ! Peyreix ! Tu te balades ?

— Pas vraiment. J'allais à mon jardin.

— À ton jardin ? Alors comme ça, tu remues la boue ? Les choux et les tomates ? Ma foi, mon cher, on a les distractions qu'on peut...

— J'ai pas dit « potager », j'ai dit « jar-din ». Tu connais la différence ?

Saint-Briac éclata de rire.

— Échec au roi ! Si tu t'asseyais ? Tu veux une sèche ?

Théo refusa la cigarette mais s'accroupit à côté de Saint-Briac.

— Dis donc, Peyreix, c'est vrai ce qu'on raconte sur Vecchioni ? Qu'il serait mort pendant un cours en Quatrième ? Ce vieux comédien ! Je l'ai eu il y a deux ans. Il a dû piquer une crise un peu forte, non ?

— Il est mort entre deux cours. Dans ma classe. C'est moi qui...

Théo raconta le macabre événement. Saint-Briac hocha la tête en serrant les lèvres. Ils restèrent un instant silencieux. Théo grattait la terre avec une branche morte. Il ajouta brusquement :

— Le plus terrible, c'était l'expression de son regard. Comme s'il avait vu quelque chose d'horrible avant sa mort... Quelque chose qui l'aurait fait mourir de peur...

Pourquoi avait-il dit une chose pareille ? L'autre allait se moquer de lui. Mais Saint-Briac semblait étrangement compréhensif.

— Il a dû se sentir partir, observa-t-il seulement.

Théo se releva d'un bond. S'il restait davantage, il raconterait tout : le tarot, ses souhaits, Mme Viel... Et ce n'était pas une bonne idée. Il ne fallait parler de ses cartes à personne.

— J'y vais. Tu seras au club d'échecs demain soir ?

— *Don't worry !*[1] Je te mettrai ta raclée habituelle.

Saint-Briac avait retrouvé son ton léger. Théo lui fit un petit signe d'adieu et fila vers son jardin, à travers le parc. Il fit alors une deuxième rencontre.

1. En français : « Ne t'inquiète pas ! »

De l'autre côté de l'allée pavée, l'homme en habit lui adressait un salut amical. Il était adossé sans manières contre le tronc d'un grand platane blanc. Théo le trouva d'une extrême pâleur. L'homme souriait et désignait de sa canne quelque chose à sa droite. Théo hésita à regarder dans cette direction, prévoyant que l'homme allait se volatiliser comme d'habitude. Mais quand il s'y décida, il laissa échapper un cri.

Mme Viel descendait l'allée, à quelques mètres à peine, à grandes enjambées.

Il se jeta derrière un buisson. Dix secondes plus tard la sorcière passait devant lui, tête baissée, l'air très mécontent. Sa robe noire entraînait les graviers de l'allée dans son sillage et un petit nuage de poussière la suivait, mêlé d'un parfum spécial, « un parfum oriental », se dit Théo qui n'y connaissait rien. En tout cas, c'était l'homme pâle et élégant qui l'avait averti. Sans lui, il serait tombé nez à nez avec cette furie de Mme Viel.

Mais comment l'homme pouvait-il savoir ? Qui était-il, à la fin ? Bien entendu, quand Théo sortit de son buisson, il n'y avait plus personne contre le platane. Le soleil déclinant s'enfouit dans un paquet de petits nuages et le parc s'assombrit d'un coup. Théo murmura, comme s'il avait affaire à un esprit :

— Merci, merci, monsieur. Mais qui êtes-vous ? Dites-moi quelque chose, restez.

Il continua sa route vers le jardin.

— Je... je sais que je n'ai pas répondu à votre salut, hier. Mais j'étais pressé, j'étais renvoyé du cours de M. Vecchioni.

Une brise froide se leva. Tout le parc se mit à frémir. Derrière lui le lycée avait disparu. Il recommençait à trembler et eut envie de pleurer, sans y parvenir. C'étaient trop d'événements et d'énigmes.

C'est à ce moment qu'il fit sa troisième rencontre.

— Content que tu sois, là, Peyreix. Tu m'embauches ? Hein, comme jardinier ?

Bousquier avait tout détruit. Tout. Iris, pensées, œillets... quelques tiges dénudées émergeaient du carnage. Théo resta abasourdi quinze bonnes secondes. Jamais, non jamais il n'avait ressenti pareille impression. Sur l'unique parcelle de la planète qu'il avait l'illusion de posséder complètement, Henri Bousquier venait d'apposer son sceau : la marque de sa semelle, sauvagement répétée sur chaque motte de terre.

Soulevé par une marée de révolte et de haine, Théo se jeta en avant.

— Fumier ! Je vais te faire payer ça !

Mais un coup de pied dans l'estomac le laissa

presque évanoui. Même avec une seule main valide, Bousquier restait invincible.

— Me faire payer ? Vas-y, j'attends ! T'arrives pas à te relever ? T'en fais pas, je vais t'aider ! Elle va avoir du boulot, la vieille Marguerite !

De sa main gauche il agrippa Théo par le col de sa veste et le remit sur pied. Puis il lui saisit le poignet et tourna brutalement.

— Alors, petit crétin ? Si le macaque te rendait la monnaie de ta pièce ? Je vais te le casser, moi, le poignet. Tu vas voir comme c'est pratique d'avoir une seule main !

— Arrête ! Arrête ! Je... le dirai !

— Pauvre cafard ! Même pas capable de régler tes affaires toi-même ! Et tu tombes dans les vapes à cause de la mort de ce salaud de Vecchioni !

— Hé ! Là-bas ! Qu'est-ce qui se passe ?

Bousquier relâcha son étreinte. Théo tomba à genoux, serrant son poignet dans sa main gauche. M. Bénèche, le jardinier, arrivait aussi vite que ses vieilles jambes pouvaient le supporter. Pas assez vite pourtant pour rattraper Bousquier.

— Pauvre petit gars ! Quel travail ! C'est-y le Bousquier que j'ai vu filer ? Ah ! ça, ton jardin est fichu ! Quel malheur !

Théo ne répondit rien. Il se serait mis à sangloter. Mais ça ne se reproduirait plus. Oh, non ! Ce soir, il sortirait son tarot et il ferait un nouveau vœu. Un vœu concernant Bousquier.

Il s'éloigna. Sur le monticule de terre qui remplaçait son massif d'iris, là-bas, un corbeau venait de se poser.

*
* *

Théo regardait la nuit, le front appuyé contre la vitre. Une demi-lune blanche dominait l'étendue sombre du parc du château. Parfois les ramures des grands arbres se pliaient brutalement aux caprices d'un vent humide. Plus loin à l'est, la pointe du clocher de Sceaux se hissait au-dessus des frondaisons. Huit heures venaient de sonner.

Les bruits familiers de l'étage parvenaient étouffés aux oreilles de Théo. Conversations, rires, bousculades. L'heure qui précédait le coucher était un des rares moments de liberté des pensionnaires. Mais lui, ce soir-là, ne pensait qu'à son tarot et à ses secrets. Et bien sûr, toujours, à la tête de taureau mort de Vecchioni. Parviendrait-il à l'oublier un jour ?

Il étala le jeu. Geste devenu machinal. Mais il n'éprouvait plus aucune joie devant les arcanes aux couleurs vives. Il n'avait plus la sensation grisante de posséder un pouvoir qui rendait libre et insouciant.

Au contraire, il se sentait lié aux lames, lié à elles par les vœux qu'elles avaient exaucés.

Il se pencha vers *les Trois*. Elles rayonnaient d'une aura de puissance qui éclipsait tout ce qui les entourait.

Les illustrations nettes, réalistes, effrayantes, le squelette prêt à faire tournoyer sa faux, le Diable qui riait de toutes ses dents, et la roue...

La roue avait encore bougé. Maintenant, le chien et le singe avaient inversé leurs places par rapport à la première fois où il les avait vus. Les cartes *vivaient*. Et tuaient.

Il lui sembla que LA ROUE DE FORTUNE n'était pas la seule à s'être transformée. L'ARCANE SANS NOM, aussi, avait changé. Pas le squelette lui-même. Ni la faux. Alors quel détail ? Les plantes ? Les mains, les pieds, les os, les têtes ? Oui, la tête d'homme ! C'était...

Il fixait avec horreur la lame numéro XIII. Aux pieds du squelette, juste derrière la faux, la tête coupée était celle de Vecchioni. Quatre petits traits noirs pour le quadruple menton. Et les lèvres se tendaient en avant pour prononcer une de ces terribles voyelles à la corse. Théo se leva et retomba comme un sac sur sa chaise.

Plus aucun doute. Vecchioni était mort à cause du tarot. Mais fallait-il accuser Mme Viel ou... Théodore Peyreix, l'ex-« chouchou » du défunt professeur ?

La tête coupée de la carte XIII lui dardait un regard accusateur. Théo tendit vers la table une main tremblante. Ranger, ranger les lames au plus vite. Plus question de contempler ces dessins terribles.

Mais il avait encore un vœu à faire.

Poings serrés, paupières fermées, il réfléchit longuement avant de parler. Il détestait Bousquier mais pas au point de mettre une vie en danger. Même après le saccage du jardin. Non, il fallait trouver quelque chose de simple, qui mettrait fin à ces querelles et à ces bagarres continuelles. Et puis il était épuisé, à bout de nerfs. Alors, sans même regarder les arcanes disposés sur la table, il murmura :

— Tarot, je voudrais qu'Henri Bousquier change d'attitude à mon égard. Je voudrais qu'il ne soit plus mon ennemi.

Il se coucha sans attendre et ne trouva pas le sommeil. Il avait fourré le tarot dans le tiroir en vrac au-dessus de ses copies, négligeant l'étui, et maintenant qu'il était dans le noir, il le regrettait. Il se rappela le moment où Vecchioni lui avait rendu les cartes. Il les avait senties bouger à l'intérieur de l'étui. Il remonta un peu la couverture. Savoir qu'elles étaient là, libres, à quelques centimètres de lui ! Un engourdissement l'empêchait pourtant de se lever. Il ferma les yeux, essaya de se détendre. Si seulement il avait quelqu'un à qui se confier, un ami...

L'image de Saint-Briac assis dans le parc lui revint à l'esprit. Il s'était montré compréhensif et même gentil. Peut-être finalement pourrait-il lui parler du tarot ? Mais que dirait Saint-Briac en découvrant la tête de Vecchioni ? Est-ce qu'il ne l'accuserait pas d'avoir souhaité la mort du professeur ?

Théo vit défiler des titres de journaux. Il était enfermé dans une prison. Un escalier partait du fond de la cellule, vers le bas. Il s'échappait par là. Et lentement, lentement, venant à sa rencontre, Vecchioni montait les marches au bras de Mme Viel, voilée de noir. Il marmonnait sans arrêt. Théo voulait se retourner, se terrer dans sa cellule, mais il était pétrifié. Alors les murmures du fantôme s'amplifiaient, se répercutaient contre les murs suintants : « C'est cette canaille qu'on a félicitée ce trimestre ! C'est cet hypocrite brigand que j'ai si souvent encouragé ! Quelle déception ! »

Il se réveilla en gémissant, trempé de sueur et de larmes. Le matin ?

— Neuf heures ! Extinction des lampes et dormez !

Non, le début de la nuit seulement. Et combien de cauchemars à venir ?

6

Vendredi 11 mai

Il était question de triangle isocèle. Bedot et Lebrun se chamaillaient.

— Deux côtés, je te dis. Deux côtés égaux, pas trois.

— Mais s'il est éliqua... équilatéral, il est quand même isocèle.

— D'accord. Mais le prof croira que t'as confondu.

Une vague figure émergeait d'un nuage de traces de gomme, sur un cahier ouvert. C'était la réunion habituelle de huit heures dix : la dernière mise au point avant les cours. Ils étaient assis sur le pavé. Une brise malodorante arrivait des urinoirs qui trônaient au milieu de la cour comme un temple. Théo plissait les paupières, en partie parce qu'il avait mal dormi et qu'on parlait de géométrie, mais surtout parce qu'il guettait le flot des externes qui déferlait dans le grand couloir.

Il frémit. La casquette d'Henri Bousquier. Puis les petits yeux méchants, toujours à demi fermés au-dessus d'un sourire provocateur. Puis les lourds godillots. Ceux-là mêmes qui avaient massacré son jardin, et qui s'avançaient résolument dans sa direction. Qu'allait-il se produire ? La paix souhaitée ? Bousquier avait l'air peu amène. À le voir, Théo regrettait presque son vœu.

— Un bon prof de maths peut quand même pas...

Bedot se tut. Bousquier était là. Puis Lebrun, qui était accroupi, se retrouva brutalement sur le dos. Bousquier avait manœuvré le godillot massacreur. Accroupi à son tour, il s'adressa à Théo :

— Peyreix ! Mon pote ! Qu'est-ce que tu fous avec ces deux minables ? T'as pas fait tes maths ? Je peux te passer mon exo, si tu veux. Les maths, c'est pas ton fort... Qu'est-ce qu'ils ont à nous regarder comme des carpes, ces abrutis ? Hein ? Vous voulez notre portrait ?

Bedot, et Lebrun qui se relevait hâtivement, reculèrent sans répondre. Leurs visages exprimaient une telle incrédulité que Théo en aurait presque ri. Ils ne pouvaient certes pas comprendre, et il avait du mal à y croire lui-même.

— Allez, barrez-vous, pauvres cloches, vous m'énervez. Je pige pas que tu les supportes, Théo. Franchement, t'as de la patience. C'est comme quand t'étais copain avec cette barrique de Viel.

Au nom de Viel, Bousquier fronça les sourcils comme si sa mémoire lui signalait quelque chose, sans arriver à préciser quoi. Théo l'observait intensément.

— ... Fallait se le traîner, celui-là ! Quel nullard ! On vaut mieux que ça, toi et moi. On n'a pas de temps à perdre avec les attardés.

Et Henri tourna un regard vers le vide, car Bedot et Lebrun avaient détalé.

« Bon, se dit Théo avec lassitude. La paix est faite. »

Il n'était fier ni de lui ni du tarot.

Plus tard, comme Bousquier se collait bêtement à lui dans le rang, et qu'il comprit qu'il allait être accompagné toute la journée par ce bouledogue, il songea :

« Je dois manquer d'imagination. Il y avait sûrement mieux à faire comme vœu. »

Mieux à faire ? Le masque terrifié et livide de Vecchioni ressurgit. Un autre vœu ? Non, jamais. Finis les vœux.

Henri s'assit à côté de lui en maths, puis en latin, puis au cours d'histoire de M. Lémery. Bedot, Lebrun, Pépin et les autres ne firent pas la moindre réflexion : ils devaient penser que les relations entre caïds leur échappaient et recelaient de sombres mystères. Puis il fallut déjeuner avec Bousquier, supporter les blagues de Bousquier, les vantardises de Bousquier, les bourrades amicales de Bousquier... Au moins on n'attendait pas pour se faire passer l'eau ou le sel. Ça, non : à eux deux ils inspiraient une véritable terreur. Adieu, sagesse bête de Jules Pépin. Adieu, croissants de la maison Bedot partagés fraternellement. Maintenant ce serait la solitude du pouvoir, la haine secrète de tous les anciens complices, leurs regards à la fois glacials et terrifiés. Théo avait changé de camp.

À deux heures, à la fin du cours d'anglais, Théo n'avait pas eu une minute de répit. Il maudissait sa situation. Pourquoi le tarot avait-il déclenché cette amitié passionnée ? C'était comme si les lames s'étaient détraquées, comme si elles en faisaient plus que ce que Théo souhaitait réellement. Peut-être ne formulait-il pas ses vœux correctement ?

Faire renvoyer Bousquier. Bien sûr ! Voilà ce qu'il

aurait dû demander, plutôt que cette amitié insupportable.

La classe s'était dispersée pour l'intercours.

— T'as vu ce que j'ai fait, mon pote ?

Bousquier brandissait une liasse de feuilles.

— Puyjaloux ! Son exposé d'histoire ! Je l'ai piqué dans son sac.

Théo se sentit submergé de dégoût. Robert Puyjaloux était un des quatre boursiers de la classe. Ses parents se souvenaient de lui une fois par an, il avait une pelade sur l'arrière du cuir chevelu et un œil toujours à demi fermé. La victime idéale. Bousquier crut bon d'en rajouter :

— Bonne blague, non ? Quand tu penses que nos parents paient des impôts pour offrir des études à des nullards pareils ! Ça me dégoûte, tiens ! Il va en baver, ce petit plouc.

Théo serra les dents. Il ne pouvait pas laisser faire cela.

— Il doit le présenter tout à l'heure, son exposé ! Qu'est-ce qu'on va se poiler !

Il fallait être malin. Pas question de s'indigner bêtement. De toute façon, c'était sans la moindre utilité avec une brute pareille. Le cours d'histoire avait lieu à dix heures quinze, après les mathématiques et la récréation. Cela laissait du temps pour réfléchir. Théo fit un clin d'œil forcé.

— Oui, ça sera marrant. T'as un sacré sens de l'humour, toi, *mon pote.*

— Regarde, mon pote ! chuchota Bousquier pendant le cours de mathématiques. Ça y est ! Il s'en aperçoit. À mon avis, il va crever !

Devant eux, la main du petit Puyjaloux s'était glissée dans la sacoche, sans doute pour une vérification machinale. Elle balaya un peu autour d'elle, puis remonta, agrippa une poitrine creuse.

— Il va crever, je te dis !

— Allez, rends-le-lui ! risqua Théo dont le cœur chavirait. Il... il a son compte.

— Non. J'aime pas ce genre de larve.

— T'es vraiment un salaud.

— Ouais. Avec certains. Pas avec toi. Toi, t'es mon pote.

Théo médita un instant sur cette psychologie préhistorique. Puis il y eut le tambour. M. Salz effaça nerveusement le tableau, comme s'il avait honte des kilomètres de polynômes qu'il pondait en une heure, et Bousquier se leva avec un énorme sac de billes.

— T'as perdu quelque chose, Puyjaloux ?

— Mon exposé ! Mon exposé sur la guerre de Cent Ans ! J'y comprends rien, je suis sûr qu'il était dans mon sac !

— Eh bien, dis donc, t'as pas de bol ! Moi, je

crois que ta bourse ne sera pas renouvelée. Tu vas retourner garder les oies chez ta plouc de mère.

Puyjaloux éclata en sanglots. Théo se dit que ce n'était pas le moment de craquer.

Bousquier courut d'un trait à l'urinoir et Théo s'empressa de fouiller dans ses affaires. Bedot et Lebrun en profitèrent pour accomplir une démarche héroïque et, plantés devant le pupitre de Théo, lancer une phrase de la dernière violence :

— Alors comme ça t'es devenu copain avec ce connard ?

— Non, pas du tout, répondit-il, le dossier à la main. Je vous expliquerai... Vous en faites pas, laissez-moi...

— Chacun sa vie, dit Lebrun d'un air pincé.

Là-dessus, on retourna à ses occupations. Billes, quatre coins, balle-pelote contre les grands murs de meulière, bavardages, révision, copiage... Seul Puyjaloux, effondré sur son pupitre, pleurait à gros bouillons. Quand Théo lui toucha l'épaule, il s'immobilisa comme un insecte qui fait le mort.

— Écoute, n'aie pas peur. Tu ne chercherais pas ça, par hasard ?

Incrédule, l'infortuné s'attendait à une nouvelle invention pour le martyriser.

— Puyjaloux, prends ton exposé. C'est Bousquier qui l'avait volé. Et calme-toi un peu, va respirer. Sinon tu vas tout rater, même avec tes papiers.

Puyjaloux saisit le dossier, le parcourut rapidement et leva vers Théo un regard émerveillé.

— Merci ! Oh ! Merci ! Je...

— Régulier, ça, approuva Bedot d'un air docte, à demi rassuré sur la moralité de Théodore Peyreix.

Il observait la scène depuis la porte et, songeant à son propre intérêt dans la stratégie compliquée de la Quatrième A2, il entrevit la possibilité de partager encore avec Théo les pâtisseries de la maison Bedot.

*

* *

Bousquier criait sous le préau désert.

Derrière les piliers de craie creusés de graffitis *Crève Vecchioni*, le ciel voilé vomissait un vent froid d'arrière-saison, des feuilles jaunes rescapées de l'automne volaient parmi les frondaisons toutes neuves des marronniers. Bousquier ne comprenait pas. Son pote s'était montré indigne de lui, son pote avait sauvé la mise à un faible, un minable, une de ces larves qui n'existent que pour souffrir, gémir et distraire les forts comme son pote et lui.

Et Bousquier criait, le cou tendu comme un fauve sous la lune :

— C'est toi qui lui as rendu ses papiers ? C'est toi ?

Pour la première fois Théo le voyait sur le point de craquer. Spectacle inédit. Cette vision l'emplissait d'une telle stupeur qu'il ne trouvait plus ses mots. Ne sachant si Bousquier allait le massacrer ou pleurer dans son cou, il se sentait dans un état flottant.

— Je te faisais confiance ! Menteur ! Traître ! T'es plus mon copain ou quoi ? Réponds ou... ou... je te frappe, ou je vais foutre en l'air ton jard...

Il se tut brutalement et regarda autour de lui d'un air hagard, un pli au milieu du front. Un gros corbeau se dandinait dans une flaque, au milieu de la cour.

— Ton jard... ton jard...

Il y avait un problème avec le jardin de Théo. Mais lequel ? Seul le vide emplissait sa mémoire. Depuis un moment il tenait Théo par le col de sa veste. Mais il n'y croyait plus, son geste était resté en suspens.

Alors Théo dit d'un trait :

— Écoute bien, Bousquier. Je ne suis pas ton copain. Ton poignet foulé, c'est moi. Mon jardin massacré, c'est toi. On est ennemis, tu m'entends, ennemis. Tu me dégoûtes, t'es qu'une brute mauvaise. Tu seras toujours tout seul, t'auras jamais de copains, juste des moutons qui auront peur de toi. Lâche-moi et dégage.

Le poing d'Henri Bousquier s'écrasa. Le crâne de Théo heurta le mur de craie du préau avec un bruit mat qui se répercuta dans sa tête comme un gong. Il se sentit glisser le long du mur, à genoux, dans un brouillard opaque qui engloutit aussi Bousquier et son visage menaçant.

— On médite à même le sol ? Musulman, peut-être ?

Deux chaussures anglaises bien lustrées venaient de s'arrêter devant lui. Saint-Briac. Théo leva le nez et rencontra le regard moqueur du jeune dandy. Les yeux gris furent traversés par une lueur d'étonnement.

— Tu t'es battu ?

Théo se remit debout avec peine.

— Disons que je me suis fait cogner.

— Je vois... Amoureux de la belle infirmière. Allez, debout, je t'emmène chez Marguerite.

— Non, non, ça va.

— Quel héros ! déclama Saint-Briac en imitant un tragédien, les mains jointes. Et à part ça, on peut savoir ?

Une vague de fatigue et de tristesse s'abattit sur Théo.

— Trop long à expliquer. En plus, tu ne me croirais pas. D'ailleurs, tu t'en fous. Salut.

Il se dirigea vers le bâtiment des internes mais Saint-Briac l'arrêta par le bras.

— Hé ! Peyreix ! Si je m'en foutais, je ne t'aurais rien demandé. Tu ne crois pas ?

Théo regarda longuement le visage impassible de Saint-Briac. Une fois de plus, il eut envie de tout lui raconter. Gaston et le tarot, Mme Viel, Vecchioni, l'homme en habit qui l'observait, les vœux qui tournaient mal, Bousquier. Il aspira une grande bouffée d'air. Un étau lui serrait la poitrine.

— Tu te moqueras de moi, Saint-Briac. Tu vas croire que je suis cinglé.

— Ça, je ne peux pas te promettre de ne pas me moquer, c'est dans ma nature. Mais avant, je t'écouterai bien sagement. Allez, raconte tes malheurs au vieux Saint-Briac. Viens confier tes secrets aux oreilles d'un homme d'expérience. J'aurai sûrement quelques judicieux conseils à te donner.

Théo se mordit les lèvres, regarda autour de lui. Ce préau de la petite cour en contrebas, c'était le lieu des règlements de comptes, des affaires louches, un endroit peu fréquenté. Mais tout y était tranquille, normal, loin du monde ensorcelé du tarot. Même l'homme en habit ne se montrait pas, avec son allure distinguée. Joseph, le tambour, passait mollement le balai autour des marronniers. Des étudiants des classes supérieures traversèrent la cour en parlant de littérature. Théo leva les yeux vers Saint-Briac.

— Des secrets ? Oui, j'en ai. Il faut que tu viennes dans ma chambre. J'ai quelque chose à te montrer. Jure-moi d'abord de ne rien raconter.

Saint-Briac, pour la cinquième fois, étala le jeu, et *les Trois* s'alignèrent au centre de la table pour la cinquième fois.

— Pourtant je l'ai bien battu, dit-il avec un reste d'orgueil, en frottant ses mains sur ses cuisses.

La beauté des cartes l'avait impressionné. Quant au récit de Théo, il l'avait accueilli avec une moue sceptique. Et il n'avait trouvé à la tête coupée de la carte XIII qu'une très vague ressemblance avec Vecchioni. Mais *les Trois* qui refusaient de se séparer, ça, c'était déroutant.

— Pas mal, ton truc. J'avoue que je suis meilleur aux échecs. Je vais te faire plaisir, je n'y comprends rien. Allez, je donne ma langue au chat.

— Il n'y a pas de truc, Saint-Briac. Et mes vœux, tu crois qu'ils sont exaucés par un truc ? Hein ? C'est de la magie, Saint-Briac, de la magie.

L'autre prit dans sa poche une mince boîte en argent dont il sortit une cigarette anglaise. Théo pensa avec inquiétude à la punition qu'on lui infligerait si jamais un surveillant décelait l'odeur du tabac. Mais il n'osa pas arrêter Saint-Briac qui tirait déjà une bouffée.

— De la magie ! Bien sûr !

Le jeune homme alla à la fenêtre et l'ouvrit. Une brise printanière pénétra dans l'espace confiné, pleine du chant mélancolique des oiseaux du soir. Théo, assis sur son lit, repartit avec véhémence :

— Tu les as bien regardées, les lames ? Tu les as tenues dans tes mains ? Tu ne vois pas qu'elles sont spéciales ? Tu ne sens pas leur... leur pouvoir ?

Saint-Briac, dos tourné, ne dit rien. La fumée s'échappait vers le ciel par petites bouffées au-dessus des cheveux blonds. Soudain il lança son mégot par la fenêtre et fit volte-face.

— Mais oui, Peyreix, bien sûr. De magnifiques cartes magiques créées tout exprès pour exaucer nos vœux les plus chers. En vente dans les meilleures drogueries. Tu penses me faire avaler tes couleuvres ?

Théo ouvrit la bouche, la referma : à quoi bon ? Il avait été stupide de s'imaginer que Saint-Briac, le brillant, le méprisant Saint-Briac, allait croire un seul mot de ses histoires. La sorcellerie, ça n'existait pas pour ce genre d'esprit fort.

— Et bien sûr, reprit le grand, impitoyable, c'est le magnifique petit démon qui est dessiné là sur son piédestal qui t'obéit au doigt et à l'œil. C'est très pratique ! Mieux qu'une lampe magique, même pas besoin de frotter. J'aimerais qu'il m'explique comment il fait ses tours ! On pourrait lui demander, non ? Qu'en penses-tu, Peyreix ? Si on lui proposait de sortir de son jeu de cartes ?

Théo le foudroya du regard.

— C'est bon, arrête de te fiche de moi. Va-t'en si c'est comme ça !

— Oh, mais non ! Pas question ! j'ai le droit de faire un vœu, moi aussi.

— Non ! Non ! Saint-Briac ! Pas de vœu ! Non !

Saint-Briac, se tournant vers le tarot, dit d'une voix solennelle :

— Sors de ta carte, Diable du tarot ! Sors de cet arcane, je le veux !

Saint-Briac laissa retomber sa main, qu'il pointait vers le jeu, sur la table. Il y eut un instant de silence. Théo fixait les lames en se mordant les lèvres.

— C'est bien ce mot-là qu'il faut dire, hein, Théo ? C'est bien *arca*... ?

D'abord le ciel se voila. Les contours du lit, de la table, des deux rayons de livres s'estompèrent. La silhouette de Saint-Briac, le tarot lui-même se dérobèrent à la vue de Théo. Il porta ses mains à ses oreilles. Un bourdonnement très grave s'amplifiait, comme une basse d'orgue. *Les Trois* s'étaient mises à diffuser leur propre clarté, implacable, aveuglante, sans rapport avec la chaude lueur que Théo connaissait. Il bondit, toujours se bouchant les oreilles car le bourdonnement faisait vibrer l'intérieur de sa cage thoracique. Il chancela. Maintenant c'était une chaleur insupportable qui grillait sa peau, séchait ses yeux, coupait son souffle, et il tomba sur le sol chauffé à blanc. Il allait se carboniser. Non, il se mit à trembler de froid.

Un froid mortel. Il était sur un iceberg à l'abandon, dérivant dans un monde mort. Et Saint-Briac et les autres n'existaient qu'à des milliers et des milliers de kilomètres. Il n'était plus qu'un claquement de dents. Il essayait de s'entourer avec ses propres bras mais ce n'étaient que des os.

Un mourant dans un monde mort. Dans un monde d'une invraisemblable tristesse.

Alors s'échappa le rire. Rire de plus en plus énorme, tissé de plusieurs rires différents. Rire du soldat qui pille un village, de la sorcière qui touille dans son chaudron, du sadique qui invente une torture. Rire qui retentissait au-dessus de lui, autour de lui, au fond de lui-même.

Rire qui s'éloignait en résonnant, comme s'il descendait dans un tombeau.

Qui semblait fouiller le lycée gigantesque, se tordre sans fin dans les escaliers les plus reculés.

Le rire s'éteignit. La lumière du dehors rentra par la fenêtre. L'étagère, le lit étaient à nouveau visibles.

Théo resta un moment sans bouger, prostré sur le sol. Il s'assit lentement, regarda autour de lui. Sous la fenêtre, à genoux, Saint-Briac tournait vers lui un visage halluciné.

— Peyreix... c'est déjà arrivé, *ça* ?

Théo fit non de la tête. Un vertige informe habitait son cerveau. Il fit trois pas jusqu'au bureau. Le Diable avait disparu. Le jeu restait étalé, intact, mais sur l'arcane XV le piédestal était vide.

Théo poussa un gémissement sourd.

— Il... il y avait une figure ailée, là, dit Saint-Briac. Un Diable. Il n'y est plus.

— Tu lui as... donné un ordre, non ? Eh bien, tu peux être content... il t'a obéi... mais il ne faut pas... croire à la sorcellerie... n'est-ce pas ?

— Mais enfin, ce bruit ! Tout le monde a dû entendre !

Saint-Briac s'affala sur le lit. Aucun pas n'approchait. Quelque part à l'étage une conversation continuait tranquillement. Théo restait fasciné par la carte XV aux trois quarts blanche.

Le Diable s'était donc échappé. En tout cas, *celui* figuré sous la forme du Diable. C'était ce qu'*il* voulait. Depuis le début.

Ce n'était pas tout.

Les deux petits personnages attachés de chaque côté au piédestal, une corde autour du cou, voilà qu'ils avaient changé. Ils portaient des costumes bleu sombre, des costumes de pensionnaires. L'un d'eux avait l'aspect d'un jeune adolescent brun, l'autre portait avec élégance une longue mèche blonde. Ils avaient aussi des visages mieux dessinés, plus précis.

Dans le tarot de Mme Viel figuraient maintenant, la corde au cou, Théodore Peyreix et un certain Saint-Briac, élèves au lycée Lakanal, de Sceaux.

Seconde partie

Carte blanche

7

Samedi 12 mai

— À mon avis, *il* avait envie de sortir et... je lui en ai donné l'occasion. Tu aurais dû me prévenir mieux que ça.

— Alors là, Saint-Briac...

— Je sais. J'exagère. C'est moi qui aurais dû sagement t'écouter. Mais qu'est-ce que tu veux ? Le méchant qui écrase les jolies fleurs, le petit gros qui copie et se fait pincer... ce sont des balivernes de môme ! Je ne suis plus en Quatrième, moi ! Comment voulais-tu que j'y croie à tes cartes, *my poor boy*[1] ?

1. En français : « mon pauvre garçon ».

Théo et Saint-Briac prenaient leur petit déjeuner. Ils parlaient à mi-voix au bout d'une grande table. Le week-end, l'atmosphère changeait entièrement. La grande bâtisse était quasi déserte. Quelques internes et les surveillants partageaient les repas dans une petite salle à manger.

Il y eut le ronflement d'une automobile. Maintenant, en 1906, il en passait au moins trois ou quatre par jour.

Certains ingénieurs testaient même des aéroplanes, des avions. L'époque s'envolait vers le progrès.

Qui s'intéressait encore au Diable ?

Lui, en tout cas, paraissait encore s'intéresser à ces hommes qui se croyaient si forts.

— Refaire un vœu ? Lui dire de rentrer dans le tarot ? reprit Saint-Briac. Pour voir si ça marche...

— J'ai... j'ai essayé... juste après ton départ. Rien. Pour la première fois *il* ne m'a pas obéi.

— Pas possible ! Aladin a perdu sa lampe, le génie ne répond plus. Je rêve ! Je rêve ! Et... si c'était moi qui devais faire le vœu ? Puisque c'est moi qui...

Saint-Briac donna un coup de menton vers la fenêtre.

Théo frissonna. Là-bas, au milieu de la cour des Sixièmes, deux chevaux noirs piaffaient devant un corbillard et quatre hommes portaient un cercueil. Le cercueil de M. Vecchioni.

— La famille veut rapatrier le corps en Corse, dit Théorème, le surveillant, à l'autre bout de la table. Mais il y aura une cérémonie dans la chapelle du lycée lundi, avec ses collègues et ses élèves.

— Moi qui cherchais de la distraction, murmura Saint-Briac.

Un à un, les pensionnaires se levaient. Il ne restait que Gugusse, tout seul dans un coin. Il finissait bruyamment son café.

— Il a hâte de passer au vin blanc, dit Saint-Briac avec dégoût.

— Et ça, tu le traduirais comment ?

Saint-Briac lut d'un trait :

— *Les Anglais croient aux fées, aux fantômes et aux démons. Les premières courent les landes et les forêts, les seconds hantent les châteaux*. Pas les lycées ? Trop inconfortable pour eux, je suppose. Ça me rassure.

Théo leva les yeux sur la salle d'étude, longue et froide comme une nuit d'hiver. Le faciès de Puyjaloux émergeait d'un coin sombre avec ses cheveux collés et ses yeux immenses. Théo se dit qu'il n'était plus dans le même monde. Jamais il n'aurait imaginé fréquenter le grand Saint-Briac ailleurs que devant une partie d'échecs. Bedot, Lebrun, Pépin, Bousquier... La petite vie de la Quatrième A2 n'était plus sa vie. Sur un jeu de tarot, là, dans sa poche, il était dessiné la corde au cou. Grossièrement, mais c'était bien lui. Et Saint-Briac aussi. Et puis un démon s'était enfui de son socle. Où se trouvait-il, ce démon ? Planait-il là, autour d'eux ? S'était-il envolé à tout jamais ? En tout cas, cette corde, cette corde autour du cou, avait forcément une signification. Est-ce que c'était elle, ce petit nœud qu'il sentait dans la gorge, depuis les événements de la veille ?

— Tu as l'air de bien te débrouiller en anglais, dit-il d'une voix mal assurée.

— Moui... Je suis bon un peu partout. Mais particulièrement en anglais, c'est vrai. Je suis allé plusieurs fois en Angleterre. Beau pays.

Théo sentit une pointe d'envie lui piquer le cœur. Lui n'avait guère voyagé : il passait ses grandes vacances chez sa grand-mère dans la Creuse, et n'avait vu la mer qu'une fois, à Deauville.

— J'ai aimé Londres autant que Rome.

— Tu connais aussi l'Italie !

— L'Italie, l'Espagne, l'Allemagne, l'Autriche. Ma mère est chanteuse. Cantatrice. Je l'ai accompagnée quelquefois, l'été, en tournée.

Théo jeta un regard en biais à son voisin. Il se demandait si Saint-Briac affabulait. Avec ce genre de snob, il fallait se méfier. Mais l'habituelle expression blasée avait fait place à un air songeur et triste.

— C'est extraordinaire. Où êtes-vous allés l'été dernier ?

— Elle est allée en Russie. Moscou, Saint-Pétersbourg... Mais moi, je suis resté en France.

Saint-Briac s'interrompit un instant. Il souffla sur sa mèche blonde.

— Je vais t'expliquer un truc : je suis trop vieux. Une chanteuse a toujours trente ans. Même si elle approche de la cinquantaine. Donc, pas question pour elle d'avoir un fils de seize ans. Et si elle en a un quand même, elle le cache. Tu sais où habitent mes parents ?

Il avait presque crié cette dernière phrase. Et sans écouter Théorème qui se manifestait à grands coups de règle depuis sa chaire lointaine (« Saint-Briac ! Respectez vos camarades ! Ici on travaille en silence ! »), il continua, désignant d'un geste théâtral, un à un, quelques grands pensionnaires disséminés dans l'étude :

— À Pau, comme ceux de ce bon Artiguenave ? À Aurillac, comme ceux de Loriol ? À Lille, comme les Villars et leur nombreuse progéniture ? Ou, comme maman Peyreix, à... ?

— À Pontarion. Calme-toi, Saint-Briac.

— Ponta... quoi ? Enfin, dans un trou à cinq

cents bornes ? Non, non, mes chers amis du lycée Lakanal (il hurlait tout à fait maintenant et s'adressait à la cantonade), M. et Mme Saint-Briac, qui me laissent moisir ici et sont pourris de fric, habitent à Paris ! PA-RIS ! Près du jardin du Luxembourg, à une demi-heure par le train.

— Saint-Briac ! Cessez immédiatement ou vous serez...

— Je serai quoi ? Consigné ? Je le suis vingt-quatre heures sur vingt-quatre. Renvoyé ? J'espère bien.

— Ta gueule, Saint-Briac, dit enfin Loriol.

— Oh, désolé, mon cher. Je te dérange dans ton quarante-troisième morpion. On termine l'anglais de monsieur et on s'en va.

Et le calme retomba sur la morne salle, comme dans la savane après le repas des lions. L'éclat en lui-même n'avait rien de nouveau. Le dimanche après-midi, en étude, c'était le moment habituellement choisi par Saint-Briac pour faire du scandale. Il abandonnait son flegme britannique et se mettait en colère à propos de n'importe quoi. Théorème se réveillait et frappait deux coups de règle, pour la forme. Maintenant Théo comprenait la raison de ces crises.

Ils se levèrent tous deux et sortirent.

— Moi, c'est Toulouse, souffla le petit Puyjaloux au passage de Théo.

Ils prirent le chemin habituel, traversèrent la troisième cour en laissant sur leur gauche l'administration, plongèrent sous les arbres, coupèrent plus loin l'allée pavée, aperçurent les petits appentis du père Bénèche. La biche apprivoisée du lycée, qui flânait par là, vint quémander un bonjour, puis entra nonchalamment dans un taillis. Théo gardait le silence, n'osant couper la sombre méditation de son compagnon. Il tâta le tarot dans sa poche. Un instinct lui ordonnait de le garder sur lui en permanence. Mais autant ne pas l'avouer à Saint-Briac. Il ne voulait pas, absolument pas, que Saint-Briac fît un nouveau vœu.

— Ça, c'est ce qui reste de mon jardin, dit-il enfin.

— Eh bien, il n'y a pas été de main morte, ton Attila. *Shocking !*[1] Comme gazon anglais, il y a mieux.

— Là, c'est le sien.

Les deux garçons se regardèrent. La même idée les traversait. L'expression de Saint-Briac, encore contractée par la colère, ne présageait rien de bon. Il attira à lui une des roses blanches de Bousquier,

1. En français : « Choquant ! ».

la respira, en arracha un pétale, fit mine d'enjamber la clôture. Chaque geste était terriblement contrôlé, comme pour masquer la violence dont le jeune rugbyman était capable. Théo était sûr qu'il allait perpétrer un massacre. Mais Saint-Briac se détendit tout à coup.

— Allez, Peyreix, oublie ton carré de terre. Quelle mentalité de plouc !

— À propos, Saint-Briac, tu es allé dans le parc du château ?

— Évidemment, comme tout le monde. Pas toi ? Ah, bien sûr. Monsieur est un pensionnaire modèle, qui ne fait pas le mur.

— Tu... tu connais une entrée ?

— Et même une sortie de l'autre côté, vers Châtenay-Malabry. Je suis allé loin, comme tu sais. L'Angleterre, l'Italie... Je suis un voyageur, moi. Mais à Châtenay, les filles sont laides et il n'y a pas de tabac.

— Saint-Briac ! Si on y allait, dans le domaine, pour se changer les idées ?

Insensiblement ils avaient rejoint la grande grille qui longeait ce qu'on appelait « l'allée d'Honneur », une longue avenue aboutissant au château. À part quelques chants d'oiseaux, tout se taisait. De l'autre côté, c'étaient les mêmes fûts de chênes et de châtaigniers. Un écureuil passa prestement la frontière, juste au-dessus de leurs têtes. Le lycée semblait être une dépendance du domaine endormi.

— Ne te fatigue pas, Peyreix. La meilleure entrée, elle n'est pas de ce côté-là.

— Où est-elle alors ?

— De l'autre côté du grand bâtiment. Presque sous ta fenêtre. Demain, si tu veux, on pourrait faire par là notre promenade du dimanche, comme de vrais bourgeois... À une condition : j'essaie un nouveau vœu. Tu as le tarot ?

Ils se turent. Autour d'eux les arbres bruissaient doucement, allongeant leurs ombres dans les allées, sur les buissons. Les oiseaux du soir s'étaient mis à chanter. On sentait la nuit approcher. Théo sortit l'étui de sa poche en soupirant. Il étala lentement les cartes sur un banc de pierre.

— Saint-Briac ! Tu n'en as pas fait assez comme ça ?

— Rentre, démon ! Rentre immédiatement dans ta carte ! Je te l'ordonne !

— Ça ne sert à rien, regarde ! *Les Trois* ne brillent même pas. Et elles sont séparées. Il n'y a plus de magie depuis qu'*il* est parti.

— Mais pourquoi nous avoir... gravés sur cette carte, alors ?

Saint-Briac prit dans sa main la carte XV, au piédestal vide. Mais l'ombre se faisait trop dense. Théo pensa en frissonnant que, ce soir, il faudrait affronter la nuit, la solitude de sa petite chambre et la peur qu'*il* ne se manifeste, d'une manière ou d'une autre. Car quelque chose lui soufflait qu'on ne pouvait pas laisser s'enfuir le Diable sans qu'un jour *il* vienne vous demander des comptes. Théo rangea les arcanes rapidement et ils remontèrent vers les bâtiments.

*
* *

Danger. Un instinct animal venait de sortir Théo d'un profond sommeil. Son cœur battait trop vite, un goût amer emplissait sa bouche. De quoi avait-il peur ? Et puis il avait froid. Il se recroquevilla sous la couverture, colla son dos contre le mur.

Ce craquement ? Un rat ?

Il tourna ses yeux aveugles vers la porte. Il y avait eu un bruit de ce côté-là, le plancher avait craqué. « Mais le bois joue toujours, la nuit. C'est normal, si ça craque un peu... »

Un grattement maintenant.

Théo ouvrit plus grand les yeux sur le noir. Oui, là, vers la porte, il y avait...

Un rat. Sans doute un rat. Inutile de s'affoler ainsi.

Oui, ce ne devait être qu'un rat. Mais un très gros rat, alors. Très lourd.

Parce que le plancher avait de nouveau craqué, cette fois plus fort. Beaucoup trop fort pour un rat.

Théo remonta la couverture vers son menton. Il tremblait. La peur, mais le froid aussi. Un courant d'air glacé l'enveloppait.

Nouveau craquement. On marchait vers son lit, pas à pas. En traînant un peu les pieds. En griffant le plancher. Des pattes de rat ou des serres d'oiseau.

Mais un très très gros oiseau, alors.

Théo retint un gémissement. La panique le paralysait dans son lit : que faire, que faire ? Si seulement il pouvait voir, allumer la lampe à pétrole sur le bureau, regarder ce qui s'approchait de lui doucement.

Crier ! Voilà ! Appeler au secours. Il ouvrit la bouche. Un petit son flûté en sortit.

Près de la porte, il y eut un bruit d'étoffes froissées. D'étoffes ? Non. D'ailes, de grandes ailes qu'on dépliait. Des sanglots secouèrent Théo silencieusement. C'était *lui,* bien sûr ! Mon Dieu, c'était *lui* ! Le démon de la carte XV.

— Qui est là ? balbutia Théo.

La réponse arriva. Ce fut d'abord une espèce de raclement de gorge. Puis un roucoulement moqueur :

— Thé-o. Thé-o.

Théo ne répondit rien. Sa respiration ne fonctionnait plus. Il n'avait jamais rien entendu de pareil, une voix impossible, venue de nulle part, et qui l'appelait lui, par son prénom, par son diminutif même. « Thé-o. Thé-o. » Un son mécanique et doux à la fois.

— C'est... moi, Thé-o.

En remontant d'un coup la couverture, il se cogna violemment le menton, incapable de mesurer ses gestes.

Et Théo dit dans le noir :

— Qu'est-ce que tu veux ? Rentre dans le jeu ! Retourne sur la carte XV ! Tu n'as rien à faire là ! Obéis-moi !

Il y eut de nouveaux raclements sur le plancher. *Il* se rapprochait ! Quelle forme avait-*il* ? Humaine, monstrueuse ? Celle de la carte ? Était-ce pour l'avoir vu que Vecchioni était mort, mort de terreur ? Alors tout était perdu, Théo n'avait aucune chance. Il allait mourir. Dans quelques secondes. Il se souleva à demi sur l'oreiller, tendit les mains en avant comme pour lutter désespérément. *Il* était tout près du lit maintenant. Une grande ombre taillée dans des ténèbres plus noires que la nuit. La voix au-dessus de lui frôlait ses cheveux :

— Thé-o. Tu es... *drôle* !

Et soudain les mots se précipitèrent comme si l'apprentissage de la parole, pour cet être, s'était effectué en ces quelques secondes :

— Tu te prends encore pour mon maître ? Cher petit garçon... Je t'ai bien aidé, n'est-ce pas ?

— Qu... QUOI ?

— Hein, pour Vecchioni ? Mais je suis libre, maintenant.

— Alors va-t'en, laisse-moi !

— Tu veux des nouvelles de Vecchioni ? Il roule, il roule, dans un train. Il ne dit plus rien, il ne fait de dictée à personne, là-bas, dans sa boîte... Vecchioni...

— Va-t'en !

— Thé-o. Il me le faut. Donne. Thé-o. Donne le tarot. Thé-o.

Le tarot ? C'était donc cela qu'*il* voulait ? À un mètre de lui, deux petites flammes rouges. Non : deux yeux rouges.

— Le tarot, Thé-o. Mon tarot, Thé-o.

C'était si simple ! Bien sûr, il fallait lui donner son tarot. Et Théo serait libéré à jamais. Sans hésiter, Théo se dressa tout à fait, s'approcha des yeux rouges et cria :

— JAMAIS !

Son refus était venu du plus profond de lui, il avait franchi les frontières de sa peur et de sa conscience avec toute la force de l'instinct. Le Diable eut un hurlement strident :

— Tu vas le regretter ! Oh ! oui, le regretter, Thé-o. Thé-o.

Une lueur rouge envahit l'espace autour du lit et Théo se mit à hurler.

Il n'était plus dans sa chambre mais au centre d'un gigantesque espace où retentissaient les cris perçants du démon. La créature se dressait au-dessus de lui, colossale, écrasante. Des mots inconnus résonnèrent à ses oreilles et il commença sa longue chute dans un gouffre glacé...

— Qu'est-ce qui se passe, Peyreix ? Tu es malade ?

Bardon, le surveillant du dortoir, se tenait au-dessus de son lit, une lanterne à la main.

Théo se mit à pleurer :

— J'ai... j'ai fait un cauchemar, c'est terminé.

De grosses larmes bien chaudes coulaient sur ses joues. Il savait parfaitement que rien n'était terminé.

8

Dimanche 13 mai

— *Il* est venu. Cette nuit. *Il* veut le tarot.

Saint-Briac posa son bol et jeta un coup d'œil à droite et à gauche. Mais dans la petite salle, personne ne les écoutait. Puyjaloux attendait devant sa tasse vide. Gugusse trempait une tartine invraisemblablement longue, comme si c'était la suite de celle de la veille.

— Qui ça, « il » ?

— D'après toi ? *Lui* évidemment ! *Il* m'a parlé. *Il* voulait que je lui rende les cartes. J'ai laissé la veilleuse, allumée toute la nuit. Je ne suis pas fou,

Saint-Briac. Je sais bien que la veilleuse, ça ne sert à rien. Mais, *il* était là. *Il... il* m'a parlé.

— Tu veux dire que le personnage de la carte XV est venu te réclamer les arcanes ? Tu es sûr que tu n'as pas rêvé ? Arrête de faire cette tête ! Une vraie endive ! Hé ! Peyreix, *I'm talking to you*[1] !

— Essaie d'avoir l'air normal ou même Gubert se rendra compte que quelque chose ne va pas. Tu vois comme il nous regarde ? Tu me raconteras ça dans le parc. Finis ton chocolat.

*

* *

— Admettons. Alors, pourquoi ne pas lui avoir rendu le tarot ?

— Je ne sais pas, Saint-Briac. Vraiment pas. Ç'a été plus fort que moi, j'ai senti qu'il ne fallait pas.

— C'est sûr, s'*il* veut le récupérer, ce n'est pas innocent. Imagine qu'*il* libère les personnages des cartes !

Théo envisagea cette hypothèse avec terreur. Il voyait le squelette, la faux à la main, batifoler dans les couloirs du lycée, pendant que le pendu se balançait mollement à la branche d'un marronnier. Il serra

1. En français : « je te parle ».

l'étui à travers la poche de sa veste. Saint-Briac reprit :

— Ça veut dire aussi autre chose : *il* n'est pas capable de te prendre le tarot sans ton accord.

Ils traversaient maintenant l'allée pavée.

— Oui, très cher, *sans ton accord*. Félicitations, tu maîtrises les démons ! Car enfin, qu'est-ce qui l'aurait empêché de le faire, hein, s'*il* le pouvait ? *Il* ne doit pas être bien fort, ce diablotin ! Pas très gradé dans les Enfers !

Théo n'en revenait pas. Comment Saint-Briac pouvait-il parler du démon avec cette désinvolture ? Facile de prendre des grands airs, en plein jour, après une bonne nuit de sommeil ! Lui, il avait grelotté pendant des heures en fixant la veilleuse.

— Ce qu'il faut, maintenant, mon cher Peyreix, c'est l'obliger à revenir dans le jeu. Écoute, avant-hier je ne croyais pas à tout ça. La magie, le spiritisme, c'était bon pour ma grand-mère. Et voilà que c'est plus vrai que le vrai ! C'est *chic,* non, comme dirait ma chère maman ? Franchement, pas de quoi faire une tête pareille ! Je te le dis, moi, si on était des malins, on ferait rentrer ce plaisantin dans sa carte, sur son petit piédestal, et il la bouclerait. Je serais nommé grrrand magicien, grrrand marabout. Et toi tu serais mon assistant. On gagnerait des fortunes. La haute société viendrait nous consulter, les hommes d'affaires, les politiciens.

» SAINT-BRIAC

Exorcisme, envoûtements.

» Ça vaut la peine de faire des études, si c'est pour arriver à ça !

Théo éclata de rire. Comme cela faisait du bien ! Peut-être la meilleure arme contre l'entité de la carte XV. C'est ce qu'il se dit un instant. Oui, si les pas approchaient, si la voix lui susurrait : « Donne, donne le tarot, Thé-o... » et si lui se mettait à rire aux éclats, comment réagirait le démon ? Il était incapable d'en vouloir à Saint-Briac, qui pourtant avait tout provoqué. Car Saint-Briac était à la hauteur des circonstances, il faisait face à n'importe quel adversaire, grâce à sa bonne humeur et à son insolence.

Et puis Théo s'assombrit tout à coup.

Pourquoi « Saint-Briac : exorcisme, envoûtements » ? Pourquoi lui l'assistant, et pas le contraire ? Pourquoi toujours être à la remorque d'un plus grand, d'un plus fort ? Après tout, le démon, c'était son démon, il était venu le voir lui et non Saint-Briac.

— Hum ! Le faire rentrer dans sa carte ? Tu y connais quelque chose en magie, toi ?

Il se leva du banc où ils venaient de s'asseoir, fit

quelques pas dans l'allée, puis revint vers Saint-Briac, les yeux brillants.

— Mme Viel ! Elle saurait quoi faire, elle ! C'est une sorcière. Il faut la prévenir !

— Je croyais que tu en avais peur ? Tu ne la soupçonnes plus d'avoir tué Vecchioni ?

Saint-Briac sifflait, les mains dans les poches. La biche enjamba le chemin devant eux, dans un saut sans fin.

— Saint-Briac... Après ce qu'*il* m'a dit hier soir, je crois plutôt que c'est *lui*, l'assassin.

Saint-Briac se tut un instant, enfonça davantage les mains dans ses poches. Il y avait un mort. Il l'avait oublié, sans doute. Ce n'était pas si drôle que ça.

— Elle ne peut pas être pire que *lui*, non ? reprit Théo qui poursuivait son idée.

— Dans ce cas, on va lui écrire tout de suite.

— Je n'ai pas son adresse.

— Le censeur te la donnera peut-être demain, si tu lui demandes bien poliment. Une partie d'échecs en attendant ? Je t'invite dans ma chambre.

Théo suivit Saint-Briac sans protester. Mais demander l'adresse de Mme Viel à Lemeing, comme si c'était la chose la plus naturelle du monde ! Vraiment Saint-Briac était fou. Théo s'imaginait dans le bureau du censeur : « Bonjour, monsieur, j'aurais besoin de l'adresse de Gaston Viel, vous savez, le petit gros qui s'est fait renvoyer pour tricherie. »

Il n'avait pas le choix, pourtant. Oui, Mme Viel était le seul recours.

New York, Venise, Stockholm, Madrid, Berlin. Saint-Briac avait épinglé au mur des cartes postales de toutes ces grandes villes. Sa chambre, au troisième étage, avait une vue plus dégagée sur le domaine que celle de Théo, et était plus spacieuse. Un parfum subtil s'y mêlait aux odeurs d'encaustique.

Saint-Briac installa l'échiquier.

— Tu regardes mes cartes postales ? Envoyées par ma *mother*[1]. Elle n'écrit rien d'intéressant, mais les photos me font un peu rêver. C'est horrible de savoir qu'il y a tous ces pays, toutes ces villes, et de crever d'ennui ici entre Gugusse et Théorème.

— Tu sais, en ce moment, je ne trouve pas le temps de m'ennuyer.

Saint-Briac haussa les épaules.

— N'exagère pas. Un petit phénomène surnaturel, ça ne vaut pas un voyage au bout du monde avec des journalistes, des chefs d'orchestre...

« Et avec sa mère », ajouta mentalement Théo. Il

1. En français : « ma mère ».

essaya de se concentrer sur l'échiquier sans y arriver. Il était fatigué, triste et inquiet à la fois.

Après quelques coups, la situation des blancs était critique. Il fallait que Théo trouvât une solution, ne fût-ce que pour donner une leçon à cet insupportable égoïste de Saint-Briac, à ce monsieur Je-sais-tout si fier de sa tactique. Mais Théo avait beau réfléchir, soit il laissait prendre son fou, soit il protégeait celui-ci par son cavalier, alors cela signifiait qu'il laisserait son roi à découvert et dans ce cas... Oh ! Pourquoi n'avait-il pas prévu que Saint-Briac lui prendrait sa tour ! Théo se rongeait les ongles. Ce soir encore, il perdrait aux échecs...

— Alors, Peyreix ? Tu as réfléchi ?

Théo émit un grognement. Il tendit la main vers son fou.

Le fou (*ziiip*) se déroba vers la droite. Puis le cavalier (*poc, poc, poc*) rejoignit l'autre côté du plateau et se posa à quelques cases du roi noir qu'il mettait en échec. Puis la dame blanche (*ziiiiip*) fila d'une seule traite jusqu'à la case stratégique lui permettant, à elle aussi, de mettre le roi en échec.

Le phénomène avait demandé une quinzaine de secondes. Tout s'était fait en glissements rapides et précis pour le fou et la dame, en bonds aériens pour le cavalier.

Théo n'avait pas eu le réflexe de ramener sa main. Elle était restée suspendue au-dessus de l'échiquier.

— Mais...

Les petites pièces de bois se remirent en marche. Cette fois ce fut au tour de l'armée noire de se défendre. Un pion fit le bond d'une case qui le séparait du roi blanc. Échec. Et le roi blanc ne pouvait pas le prendre car le pion était protégé par la dame noire. Elle aussi venait de se déplacer d'un cran pour faire échec.

Échec et mat au roi noir.

Échec et mat au roi blanc.

Théo laissa retomber sa main sur ses genoux. Il avait froid. Horriblement froid, comme la veille. Saint-Briac se leva en reculant, sa chaise tomba sur le sol avec fracas.

Théo se leva à son tour, hésita, osa toucher les pièces pour les ranger. Il avait peur qu'elles grouillent dans ses mains, ou au contraire qu'elles opposent une résistance.

Mais non, ce n'étaient pas ces pièces de bois qui étaient vivantes.

Il y avait une autre main.

Un troisième joueur.

Théo murmura :

— *Il* peut nous battre comme *il* veut. Voilà ce qu'*il* vient de nous dire, je pense.

— *Il* triche, chuchota Saint-Briac d'une voix émue mais où pointait le mépris. *Il* a joué plusieurs coups à la fois. Aucun intérêt !

— C'est normal, non ? Puisque c'est le Diable. J'espère en tout cas que ça t'aura sorti de ton ennui. Moi, je me passerais de ce genre de distraction. J'aime bien la routine.

Saint-Briac écarta la mèche de cheveux blonds qui lui tombait devant les yeux. Théo vit qu'il tremblait. Pourtant le jeune homme déclara d'un ton dégagé :

— Vraiment ? Tu as tort. C'est très distrayant, en effet. Et je n'ai pas l'intention de me laisser impressionner par ces tours de passe-passe !

Théo secoua la tête. Ce garçon était énervant mais on ne pouvait pas nier son courage : restait à savoir si le courage était suffisant.

*
* *

Des nuages légers mais nombreux avaient envahi le ciel. Le temps se voilait. Le lycée était derrière eux à présent et les dominait de sa masse. Théo se retourna : là-haut, sa chambre ! Ainsi, il suffisait de soulever un pan de grillage, à un endroit précis...

Saint-Briac allait devant, dans un fouillis de ronces. Ils traversèrent un chemin parallèle au lycée puis contournèrent un vaste corps de ferme abandonné, accrochant leurs vestes aux épines, éparpillant une gerbe d'oiseaux en foulant l'herbe haute.

Enfin, ils débouchèrent sur un grand carrousel aux pavés disjoints, envahi de touffes d'herbe. Un pont de pierre enjambait une douve envasée et menait à une grille. Les deux petits pavillons qui encadraient celle-ci gardaient assez fière allure et donnaient bien l'idée d'une entrée d'honneur. C'étaient deux cubes de pierre blanche surmontés de sculptures.

Ils traversèrent cette place déserte, où deux siècles plus tôt avaient roulé des carrosses, et Théo jeta un regard furtif au bâtiment du lycée Lakanal, derrière lui : gardien de ce domaine sauvage, il dressait comme une longue barrière jaunâtre. Dire qu'il y avait là-bas Gugusse et ses aboiements, l'austérité des salles de classe, Bousquier et les brutes de son espèce. Il y avait... *lui*, aussi. Une semaine plus tôt, le sage Théodore Peyreix aurait craint de suivre Saint-Briac hors de ce monde raisonnable. Mais aujourd'hui Lakanal n'avait plus rien de raisonnable, c'était au contraire l'endroit le plus dangereux et le plus fou de la création. Autant s'enfoncer dans le domaine avec Saint-Briac et ne plus revenir, s'enfuir, mener une vie de bohémien. Aller à Châtenay-Malabry et au-delà, chercher des filles, traverser des pays, rencontrer des gens. De la vraie et bonne vie, comme celle de son cher d'Artagnan ! Quelle idée de s'enfermer dans un lycée ! Saint-Briac avait raison.

Il s'arrêta devant les deux groupes sculptés des pavillons. À gauche un molosse terrassait un loup. À droite une licorne transperçait de sa corne torsadée la gorge d'un dragon. À gauche le réel, à droite le fabuleux. Ils se côtoyaient, de part et d'autre du pont, comme pour dire au visiteur que lui-même, que sa vie étaient le petit théâtre où se rencontraient le naturel et le surnaturel.

Il rêva un instant sous le flanc de la licorne. Souillées par les déjections d'oiseaux, les bêtes de pierre demeuraient pourtant impressionnantes.

Saint-Briac poussa la grille qui ne fermait plus et s'avança vers le château de style Louis XIII – briques rouges, hautes fenêtres – qui seul dans cette jungle bénéficiait d'une perspective dégagée. Des nuages plus lourds passaient maintenant au-dessus de ses toits d'ardoise, comme s'ils voulaient s'engouffrer dans les chambres par les vitres brisées.

— Saint-Briac, tu es sûr ?

— Je suis ici chez moi, mon cher. Viens, je vais te montrer mes jardins.

Ils contournèrent l'escalier de pierre usé et l'aile droite. De nouvelles perspectives apparurent. Ce jardin sauvage semblait sans limites.

— À droite, là-bas, ce dôme d'ardoise, c'est le pavillon de l'Aurore que nous voyons depuis nos chambres. Tu le reconnais ? Et là, devant, ma promenade favorite.

C'était une longue pente douce, ponctuée de bassins et de restes d'anciens massifs. Ce qui avait été de magnifiques jardins à la française n'était plus qu'une étendue d'herbe maigre, cernée par les sous-bois.

— Suivez le guide !

Gagné par la bonne humeur de Saint-Briac, Théo s'enfonça à sa suite dans les profondeurs de la friche qu'était devenu le parc de Sceaux. Écureuils, pinsons bariolés tournant au pied des chênes, clairières illuminées de boutons d'or, tout exhalait un parfum d'évasion et d'inconnu.

Ils chahutèrent. Saint-Briac plaquait Théo dans l'herbe, s'enfuyait, se cachait, imitait des cris d'animaux. Disparu le dandy blasé. Leur fugue les rapprochait. Théo en oubliait l'*autre*, le démon.

Et le tarot, au fait ?

— Attention à ton tarot ! lui cria Saint-Briac comme s'il suivait le fil de sa pensée.

Ouf ! Il était bien dans sa poche. Pas question de le perdre. *Il* n'attendait que cela.

Un chemin boueux débouchait sur une longue étendue d'eau bordée de peupliers immenses, entièrement recouverte de lentilles d'eau et de nénuphars. C'était, expliqua Saint-Briac, ce qui restait du grand canal du château de Sceaux. Une ambiance pesante, presque menaçante se dégageait des eaux mortes.

Les deux garçons s'assirent sur le bord empierré. Il fallait se pincer le nez pour oublier les relents de la vase.

— Si on se fait piquer, c'est le renvoi, dit Théo en suivant le vol lourd d'une libellule.

— Et alors ? Tu ne t'en fiches pas, toi ?

— Non. Mon père me tuerait. J'ai énormément insisté pour venir ici, parce que c'est un pensionnat avec des chambres individuelles. Toi, ça te serait égal ?

— Oh ! Mon père ferait une remarque, et puis il m'inscrirait encore plus loin de la maison : je ne rentrerais même pas aux vacances. De toute façon, je n'ai plus qu'une année à tirer. Après le bac, j'étudierai à Paris et je n'ai pas l'intention de m'ennuyer ! J'en ai assez de cette caserne remplie de boutonneux alors que toutes les filles s'évanouissent devant moi. C'est du gâchis.

Saint-Briac repartit le long du canal en sifflotant.

Théo lui cria de loin :

— Tu ne te vantes pas un peu ?

— Si, un peu. Tu es amoureux, toi ? Son prénom, s'il te plaît ?

— Euh... Et toi, tu es amoureux ?

Saint-Briac s'arrêta, hésita :

— Oui, non, je ne sais pas. Une fille délicieuse en tout cas... des cheveux... un parfum...

— Tu n'es pas obligé de me raconter, cria Théo haletant. Au moins, attends-moi.

Mais Saint-Briac accéléra son allure, quitta le bord du canal et coupa à travers bois.

— En effet, lança-t-il. Je ne suis pas obligé de te raconter. Dis-moi d'abord le prénom de la fille de tes rêves.

— Euh... A... Anne.

— Hum... Moi, je ne sais plus, c'est une lointaine cousine... ou plutôt la bonne de papa... ou une inconnue rencontrée sur un paquebot... Un truc romantique... Et puis non, une rencontre dans un quartier très mal famé...

— Tu te moques de moi.

— Oui.

Théo lui emboîta le pas une nouvelle fois, sans insister, un peu honteux car il avait menti. À l'avenir il faudrait faire attention avec Anne. À force de l'imaginer, il finirait par croire lui-même à son existence.

— Tu as des tuyaux, sur la construction du lycée de filles dans le domaine ?

— Des blagues. D'ailleurs le domaine, c'est chez moi. Je n'ai pas donné l'autorisation de construire.

Et la silhouette de Saint-Briac, aussi décoiffée par le vent que les feuillages des grands châtaigniers, disparut derrière un tertre. Théo ne le rejoignit qu'au pied du château. La lumière de l'après-midi commençait à décliner et l'édifice allongeait son ombre immense sur les deux garçons.

— Tu veux toujours y aller ?

— Oui.

Saint-Briac longea la façade qui donnait sur les jardins, s'approcha d'une grande porte-fenêtre, tira un volet déjà à moitié arraché, passa la main en prenant garde à des arêtes de verre brisé, fit jouer le loquet, et le cadre de bois s'ouvrit. Ils entrèrent dans une pièce haute de plafond où stagnait une odeur de moisi. Deux grandes glaces piquées multipliaient l'espace à l'infini, dans la pénombre.

Saint-Briac poussa une porte à deux battants. Ils traversèrent une pièce, puis une autre. C'était une succession de salons et de couloirs, plongés dans une demi-obscurité, froids, comme s'ils avaient retenu un peu d'hiver entre leurs murs vides. Toile d'araignée après toile d'araignée, les deux garçons levaient des bras de plus en plus laineux et collants pour se gratter le nez ou les sourcils. Enfin, Saint-Briac s'appuya contre une cheminée de marbre blanc et alluma une cigarette.

Ils se taisaient, comme s'ils craignaient, en parlant, de réveiller le maître des lieux, quelqu'un – ou *quelque chose* — qui n'aimait pas les intrus.

Théo avala sa salive avec difficulté. Peu à peu son humeur aventureuse l'abandonnait. L'idée de la fuite l'effleura. Mais il fallait retraverser toutes ces pièces sonores et obscures... Il alla à une fenêtre, jeta un coup d'œil au-dehors à travers une fissure dans le volet. Oui, le dehors, c'était là tout près, mais comme inaccessible. Il sursauta quand Saint-Briac brisa enfin le silence, recrachant de grandes bouffées de tabac :

— Pfff... Alors, déçu par ton domaine enchanté ?

— Non. Pas déçu. Pas vraiment. Je sais ce que c'est qu'un manoir abandonné, j'en ai visité plusieurs, chez moi, dans la Creuse. Ha ! ha ! Là-bas, tu peux me croire, c'est plus peuplé en fantômes et en sorcières que la région parisienne.

— Vraiment ? Et en DÉMONS, hein ? C'est plus peuplé en DÉMONS, la Creuse ?

Saint-Briac, non !

Saint-Briac gonflait sa voix, défiait les boiseries ternes, les caissons du plafond, l'enfilade inquiétante du couloir. Théo lui lançait des regards implorants. *Non, Saint-Briac, pas de nouvelle folie ! Tu ne com-*

prends donc pas que je n'ai parlé que pour me donner contenance, pour oublier ma trouille ? Arrête de le braver, arrête de te prendre pour le plus fort !

Il décida de dominer sa peur, serra les poings, respira à fond un air sûrement rempli de mauvais esprits. Et si la méthode Saint-Briac était la bonne, après tout ?

— Tu sais, Saint-Briac, je n'espérais pas le palais de la Belle au bois dormant.

— Si c'était le cas, je ne t'aurais pas emmené, Peyreix. Je te rappelle qu'il n'y a qu'un Prince Charmant par conte de fées. Et le Prince Charmant, c'est moi. Ta petite princesse Anne, tu feras bien de la planquer.

Saint-Briac détachait étrangement les syllabes. Qu'avait-il ?

— C'est un peu... sinistre, reprit Théo que le malaise envahissait par vagues. Dis-moi, tu sais qui vivait ici ?

— Aucune idée. Mais je sais qui y habite maintenant.

— Hein ? Qui ?

— Un gros rat. D'ailleurs, il est derrière toi.

Théo se retourna violemment. Le fond de la pièce était obscur. Il fixa l'ombre. Elle était vide. Il était facile de l'imaginer peuplée d'ombres plus sombres encore...

— Je n'ai rien entendu.

— Moi non plus, mon cher, mais j'ai cru le voir. Tu n'as pas peur des rats, quand même ? Ils ne nous mangeront pas.

Théo se mordit les lèvres. Non, il n'avait pas peur des rats, même s'il n'en raffolait pas. Mais le ton de Saint-Briac était bizarre. Il avait peur, surtout, de ce qu'il avait vu et entendu la nuit précédente : cette voix mielleuse et rauque, ces bruits d'ailes et de pattes griffues, ces yeux de feu qui s'étaient fixés à jamais dans sa mémoire se firent plus présents qu'un souvenir, comme si tous ces phénomènes allaient se reproduire d'un coup, là, immédiatement, et dans cet endroit horrible. Bien sûr ! C'était suprêmement stupide de s'introduire dans ce lieu désert après ce qui s'était produit ! Il regretta de toutes ses forces d'être là.

Trop tard.

Soudain, il eut un soupçon insensé. Il fixa son regard sur Saint-Briac. Celui-ci terminait sa cigarette. Le point de braise rouge se ranimait par à-coups réguliers. La fumée montait le long de son visage pâle, hiératique. Le doute se fit plus insistant : pourquoi Saint-Briac se taisait-il ? Pourquoi restait-il immobile, figé comme une statue ? Il ne ressemblait plus au compagnon enjoué qui courait tout à l'heure dans le parc.

— Si on rentrait ? Il doit commencer à être tard et... je voudrais relire mes leçons pour demain.

— Retour de l'élève modèle. Mais c'est trop tard, petit Peyreix. Tu as fugué. Tu seras renvoyé...

Était-ce bien la voix de Saint-Briac ? Ou n'était-elle pas un peu plus rauque ? Un peu plus traînante ?

Enfin, Saint-Briac écrasa son mégot et délogea de sa cheminée, mais avec une nonchalance insupportable, et ils sortirent de la pièce.

Théo était au supplice. Il n'osait pas se retourner. Il n'osait pas non plus courir. Il avait peur de ce petit bruit derrière eux. Ce petit grattement, comme des griffes sur le parquet et aussi comme ce bruissement d'ailes.

— Saint-Briac...

— Oui ?

— Non, rien, dépêche-toi.

— Nous y sommes presque. Voilà.

Ils venaient d'entrer dans la salle au volet arraché. Saint-Briac laissa sortir Théo, le rejoignit et ferma la porte-fenêtre derrière eux. Puis il entraîna Théo vers le lycée.

— Vite ! Vite !

— Tu n'avais pas l'air si pressé il y a deux minutes !

La nuit tombait, légère, étoilée. Les nuages s'étaient éloignés. Une fois de plus Théo s'acharnait à suivre les grandes enjambées de son compagnon à travers l'herbe haute. Il marchait sans chercher à comprendre, soulagé, nettoyant sa veste des restes de toiles d'araignée. Ils franchirent le pont de pierre.

Saint-Briac fit enfin une halte au milieu du carrousel, le souffle un peu court.

— Saint-Briac... J'ai eu peur... Qu'est-ce qui t'a pris, tu es fou ?

— Il était là, dans le château. Il n'y avait pas de rat. Tu n'as pas compris que je mentais ? C'est *lui* que j'ai vu. *Sa* silhouette sur le mur, derrière toi. Comme si... l'obscurité lui donnait forme. Et ses yeux brûlaient dans le noir comme des flammes, exactement ce que tu m'avais décrit.

— Il ne fallait pas lui céder, ajouta-t-il en serrant les mâchoires. Il fallait qu'il y en ait un pour tenir le coup, pour se moquer de lui, *j'en suis sûr*. Excuse-moi si je t'ai effrayé mais j'avais encore plus peur que toi.

— Et j'ai pas envie de traîner là...

Ils atteignirent la grille du lycée en un temps record. Théo savait maintenant qu'il pouvait *le* rencontrer partout où il irait.

Mais Saint-Briac ! Comment avait-il pu garder son calme ? Théo revit le long visage immobile au-dessus de la cheminée. Il n'avait plus peur de cette image. Il était au contraire plein d'admiration.

Cette nuit-là, *il* ne revint pas.

9

Lundi 14 mai

M. le censeur parlait :

— Messieurs, j'ai l'honneur de vous présenter M. Sargatanas. Vous saurez apprécier la rapidité de ce remplacement, et sans oublier votre défunt professeur, M. Vecchioni, dont l'excellence...

Pendant qu'il parlait, raide comme s'il avait avalé sa canne, Théo n'écoutait pas un mot. Il dévorait l'autre des yeux. Cet homme, debout sur l'estrade près de M. Lemeing, mille fois plus élégant que lui, grand, plutôt jeune, au teint lisse et pâle, au regard de braise...

Une vague de joie, une bouffée d'espoir naquirent

dans la poitrine de Théo et s'élevèrent jusqu'à son visage, où elles dessinèrent un immense sourire.

C'était l'inconnu ! la mystérieuse silhouette qui était apparue ici et là depuis quelque temps.

Et une fois de plus l'inconnu souriait à Théo. À lui uniquement.

M. Lemeing sortit, le nouveau professeur fit l'appel, et le cours débuta.

— Prenez une feuille. Dictée. Rien de plus efficace pour se faire une idée sur une classe. Il s'agit d'un poème de Victor Hugo.

Théo trempa son porte-plume dans l'encrier.

— *La Plume de Satan*. Attention, messieurs, à bien disposer les vers.

— *La plume, seul débris qui restât des deux ailes*
De l'archange englouti dans les nuits éternelles,
Était toujours au bord du gouffre ténébreux [...]

Théo leva la tête. M. Sargatanas dictait sans livre. Immobile sur l'estrade, il récitait les vers bras croisés. Et il le regardait, lui, Théo, toujours.

Gêné, le garçon baissa les yeux. Le malaise se substituait à la joie. Théo se rendit compte qu'il avait perdu le fil de la dictée.

— *Cette plume avait-elle une âme ? qui le sait ?*
Elle avait un aspect étrange ; elle gisait [...]

Il s'agitait sur son siège. Son écriture devenait illisible.

— *Ils songeaient à Satan dont la blancheur fatale,*
D'abord ravissement, puis terreur du ciel bleu [...]

Il y eut un petit *ploc*. Théo laissa tomber son porte-plume sur sa copie qui se couvrit d'éclaboussures d'encre.

Une plume, une grande plume de corbeau, noire et luisante, venait d'atterrir sur son pupitre. Théo leva les yeux vers l'estrade. Alors M. Sargatanas se mit à rire silencieusement, montrant des dents acérées comme des crocs.

Et Théo comprit *qui* il était.

Théo ne bougeait plus. Il aurait aussi bien pu s'enfuir en courant. Toutes les actions se valaient. Inutile d'espérer quoi que ce soit. La dictée venait de prendre fin mais, trop tremblant, il avait été incapable de la terminer. Et puis quel détail sans importance, *une dictée* !

Bousquier avait été désigné pour ramasser les copies. Bousquier, évidemment ! Il poussa un grognement de satisfaction en voyant cette feuille sale et presque vierge. Il la posa exprès au-dessus du paquet qu'il tendit à M. Sargatanas.

— Nous allons immédiatement corriger cela. Je vois là une copie lamentable... Monsieur Peyreix !

Théo garda les yeux obstinément fixés sur son pupitre. Répondre ? Il ne répondrait pas, il ne pouvait pas répondre.

— Oui, monsieur ?

— Votre copie est sale, illisible, bourrée de fautes, expliquez-vous !

Brouhaha dans la classe. Peyreix, rendre un torchon ?

— Peyreix, répondez ! Je ne supporterai pas une insolence !

— Je... J'ai... mal à la tête. Je peux aller à l'infirmerie, s'il vous plaît ?

— La bonne excuse ! Au tableau, monsieur, vous corrigerez vous-même ce devoir. Dépêchez-vous.

Théo se souleva dans un effort énorme. Il gagna le tableau sans tourner la tête vers Sargatanas.

— Écrivez : *La Plume de Satan*...

Théo avança la main vers la craie. Il arrêta son geste avec un petit cri : une grosse limace rousse se tordait sur la planchette à la base du tableau, à la place de la craie.

— Eh bien quoi ? Qu'avez-vous ? Une crampe ?

Théo osa enfin *le* regarder. C'était là l'homme qui lui avait souri, qui l'avait salué si élégamment en soulevant son chapeau, derrière un marronnier. Maintenant *il* avait une moue cruelle. *Il* leva un sourcil.

— J'attends.

Théo se retourna vers la planchette. Au lieu de la limace, la craie. Il inspira profondément, saisit l'objet et commença à écrire au tableau.

Il fallait se concentrer sur les mots, ne pas essayer de comprendre, ne pas penser. Ça finirait bien par s'arrêter, obligatoirement. Vivement la fin de l'heure ! Qu'attendait le vieux Joseph pour battre un roulement magistral ? Alors il courrait à l'infirmerie et n'en bougerait plus jusqu'au soir. Marguerite, sa bonne poitrine sous sa blouse, son assurance tranquille, son bon sens : il avait l'impression que le Diable n'affronterait jamais Marguerite.

Murmure derrière ses épaules. Que se passait-il ?

— Ainsi, vous jouez les insolents ? Vous croyez que le remplaçant va se laisser chahuter ? Je saurai vous mater, croyez-moi !

Théo recula, lut ce qu'il venait d'écrire :

Ils songeaient à Sargatanas dont la blancheur fatale,

D'abord ravissement, puis terreur du tarot...

Non, ce n'était pas lui qui avait écrit ces mots ! Sargatanas le fixait de ses yeux noirs où brillaient une lueur moqueuse et – oui – comme une flamme !

L'image se brouilla derrière un écran de larmes. Théo les réprima. Il pensa à Saint-Briac, à son courage dans le château : il ne fallait pas se montrer faible. Il ferma les poings. Sa gorge était si serrée qu'il arrivait à peine à respirer. Sargatanas désigna le tableau d'un doigt maigre au bout duquel brillait un ongle, aussi long et acéré qu'une griffe.

— Effacez ça tout de suite, Peyreix !

Théo se tourna vers le grand seau de bois. Il se baissa, tendit la main vers l'éponge.

Mais il se figea brusquement.

L'eau sale s'était mise à tourbillonner dans le seau, de plus en plus vite. Elle s'assombrit, prit une teinte rouge, épaisse.

Le seau était maintenant rempli de sang.

Théo recula, épouvanté, sans pouvoir détourner le regard. Alors l'éponge qui tournoyait au milieu du baquet commença elle aussi à changer. Elle se tordit, grossit, s'éclaircit. Des yeux s'ouvrirent au milieu d'un gros visage livide.

Les triples mentons de M. Vecchioni trempaient dans le sang visqueux du seau.

Théo se mit à hurler et à trépigner, il se tourna vers la classe.

Trente-trois têtes ahuries le regardaient.

— Vous voulez vraiment dépasser les bornes ? Je parlerai de votre cas à M. Gubert. Bousquier, menez cet individu en permanence.

Théo cligna des paupières. Dans l'eau sale du baquet, une grosse éponge flottait mollement. Il s'avança vers la porte. Même Bousquier le regardait d'un air surpris. Théo s'était fait manipuler. Sargatanas l'avait trompé.

— Mon tarot, Thé-o ! Mon tarot.

Théo fit volte-face, bouche bée. Sargatanas lui

souriait une fois de plus, étirant ses lèvres minces. Et Bousquier, sans comprendre – que voyaient, qu'entendaient Bousquier et tous les autres ? –, emmena son ennemi en le tirant par le col de sa chemise.

Le rendre. Être enfin tranquille. Théo fit glisser les lames hors de l'étui. La carte XV était au-dessus du paquet, presque blanche, avec un petit Théo et un petit Saint-Briac, la corde au cou.

Il avait oublié l'endroit où il se trouvait, la salle de permanence. Mots, images, bribes de conversations, la visite du domaine, tout s'enchevêtrait. À la pensée de Saint-Briac, il retrouvait un peu de courage. Lui aussi avait vu ce démon dans le vieux château. Il était resté de marbre. C'était la meilleure attitude à adopter, sûrement, mais si difficile !

Bousquier ne s'était pas privé de l'humilier pendant le trajet vers la permanence, par des mots, par des coups. Qu'importaient les injures de cette brute ? Pourtant elles l'avaient fait pleurer encore davantage. C'était comme une brûlure sur une peau déjà écorchée.

D'ailleurs Bousquier avait raison, Théo n'était qu'un minable. Il s'était fait complètement rouler. Dire qu'il s'était cru le *maître* du tarot ! Sargatanas – si c'était bien *son* nom – l'avait manœuvré comme un pion, de case en case, jusqu'à obtenir ce qu'il voulait : sa liberté.

Il y avait des choses qu'il ne comprenait pas. Par exemple, Sargatanas et l'inconnu étaient-ils vraiment la même personne, ou le démon avait-il pris cette apparence pour le narguer ? Et puis, pourquoi le démon n'avait-il pas utilisé Gaston, le précédent possesseur du jeu, plutôt que lui, Théodore Peyreix ?

De nouvelles larmes surgirent. Il remit l'étui dans sa poche. Oui, il était minable et ridicule. Et lâche en plus. Parce qu'il sentait qu'il allait craquer et donner son tarot au Diable.

Il sortait de permanence et se dirigeait vers l'infirmerie quand on l'interpella. Joseph, le soldat en retraite, claudiquait à travers le flot des élèves. D'une main il tenait son tambour, de l'autre il agitait un papier blanc.

— J'me trompe pas, c'est bien toi, Théodore Peyreix ? Ben, v'là une lettre pour toi, mon gars. C'est le concierge qui vient de la retrouver sous son bureau. Il comprend pas qu'il l'ait pas vue plus tôt, elle est postée de jeudi. Elle sera tombée du paquet, p'têt' ben. Enfin, y m'a dit de te dire qu'y fallait pas lui en vouloir... Allez ! En espérant que ce sont de bonnes nouvelles !

Une grande écriture de femme qui n'était pas celle

de sa mère. Théo resta planté au milieu du couloir, l'enveloppe à la main. Il se retint d'ouvrir et de lire immédiatement. Pas question d'aller en cours, ni au réfectoire à midi. Que répondrait-il aux questions des autres ? Il n'y avait qu'une seule solution : toujours la même, la migraine, Marguerite. À l'infirmerie, il lirait la lettre, installé dans un lit, en laissant fondre sous sa langue un sucre avec de l'eau de mélisse...

L'odeur de camphre et d'eucalyptus calmait Théo presque autant que la voix flûtée de Marguerite. Elle l'avait forcé à avaler une dose de Cérébrine. Plus d'eau de mélisse : on était passé au stade supérieur, aux vrais médicaments.

Ce serait tellement bon d'avoir de la fièvre et une bonne toux qui forceraient à dormir ici, dans le royaume de Marguerite. Une douce pesanteur le gagnait. Il lui abandonna ses muscles contractés, ses mâchoires serrées, son front lourd et douloureux. Oui, ici, rien de mal ne pouvait arriver...

La lettre.

Il se redressa, à contrecœur. La curiosité l'emportait sur la fatigue. Il déchira l'enveloppe, dont s'échappa un parfum lourd et capiteux. Mme Viel ! Oui, il avait senti ce parfum sur son passage quand il l'avait croisée dans le parc du lycée. Il n'avait plus du tout envie de dormir, maintenant. Il se mit à lire avec avidité :

Théodore,

J'espère que cette lettre vous parviendra avant une nouvelle catastrophe. J'ai tout fait pour vous contacter mais on m'a interdit l'entrée du lycée. Il semble qu'une force invisible s'oppose à notre rencontre. Cela ne me surprend guère.

Vous avez le tarot de la Montespan, j'en suis sûre, d'autant plus depuis la mort de M. Vecchioni. Je suis certaine aussi que cette mort a un rapport avec les arcanes.

Ne perdez pas espoir. Je peux vous aider. Rappelez-vous deux choses fondamentales :

— Quelles que soient les menaces ou les promesses, ne cédez jamais le tarot ! Celui qui veut le récupérer ne le peut pas sans le consentement de son propriétaire. IL FAUT QUE VOUS AYEZ LE COURAGE DE GARDER CE TAROT, JUSQU'AU MOMENT DE ME LE RENDRE EN MAINS PROPRES.

— Il est le maître des illusions et des mirages. CROYEZ EN VOUS, REFUSEZ SES MENSONGES. VOTRE VOLONTÉ PEUT LE VAINCRE.

S'il n'est pas trop tard, cessez immédiatement d'utiliser ces cartes. Elles n'exaucent vos vœux que pour mieux vous tromper.

Je vous donne mon adresse, répondez-moi vite. J'enverrai encore Gaston au lycée, demain. J'espère qu'il pourra vous revoir. Le plus facile est le secteur des jardins.

La lettre était signée : *Augusta Viel*. Elle était datée du jeudi 10 mai. L'adresse était à Châtenay-Malabry, le village voisin.

Sur son lit, les yeux fermés, Théo reprit enfin espoir. Il se voyait franchissant le grillage du lycée en compagnie de Saint-Briac. À travers le domaine abandonné, ils gagneraient la maison de Mme Viel. Il n'aurait pas peur, il serait impassible, Saint-Briac l'admirerait. Et Théo remettrait à la dame son affreux tarot. La sorcière ferait son travail, le démon rentrerait en grognant dans son arcane, tandis que le petit Théo et le petit Saint-Briac en sortiraient. Ensuite... Il y aurait sans doute un goûter en compagnie de Gaston (quoiqu'il fût difficile d'imaginer Gaston Viel et Paul Saint-Briac buvant le thé ensemble) et puis Théo et Saint-Briac rentreraient, délivrés.

Un grand corbeau se posa silencieusement sur le rebord de la fenêtre. La tête penchée de côté, il observa Théo de ses yeux perçants. Puis il s'envola en direction du château de Sceaux avec un croassement qui ressemblait à un éclat de rire.

Mais Théo ne vit rien, n'entendit rien. Il s'était endormi, sourire aux lèvres.

*

* *

— Hum, hum, môssieur a la migraine ! Et pourquoi pas des vapeurs, hum, pendant que t'y es ? Petit saligaud, tu crois t'en tirer comme ça ! On me la fait pas, à moi, tu m'entends ?

Le surveillant général hurlait à pleins poumons, à quelques centimètres du visage de Théo, encore brûlant sous l'effet d'une gifle magistrale.

— Écoute-moi bien, Peyreix. Humph ! Si M. Sargatanas a encore à se plaindre, t'as pas fini de pleurer. Si tu veux jouer au plus fin, on va y jouer ensemble et t'as pas gagné, ça je peux te le dire !

Théo se garda d'admettre qu'il n'espérait pas gagner à ce jeu-là. Il attendait la fin de la tourmente. Ce n'était pas si terrible, après tout, le rôle du cancre. Il suffisait d'être patient et d'encaisser les claques. Il se demanda si Saint-Briac s'était souvent fait gifler par cette brute avinée. Il avait bien dû se faire prendre, un jour, en train de fumer. Évidemment

Saint-Briac n'avait cure de se faire renvoyer, la différence était là. Mais Théo à son tour perdait cette inquiétude. Le lycée militaire ? Pourquoi pas, si Sargatanas n'en faisait pas partie, avec sa panoplie de limaces et de poésies sataniques ? Il commençait à changer de point de vue.

— ... Nettoyer toutes les tables du deuxième étage avant six heures !

— Bien, monsieur. Excusez-moi, monsieur.

— Et pas d'infirmerie sans raison valable ! Hum ! Cette bonne femme vous dorlote comme des bébés ! Vous allez voir quand vous ferez votre service ! Ça va vous changer ! Allez, fous le camp ! Hum ! hum !

Théo se rendit au deuxième étage, prit un seau, une éponge et commença à laver les pupitres en réfléchissant.

Il eut une soudaine envie d'un croissant de la maison Bedot.

Bedot ! Lebrun ! Il essaya un instant d'imaginer le regard qu'ils pouvaient porter sur lui. Comme tout avait été bouleversé en une semaine ! Un mur infranchissable le séparait des croissants, des caramels, des confidences sous le préau.

Bien sûr, il y avait Saint-Briac. Surtout depuis la promenade de dimanche. Mais on ne jouait pas aux billes avec Saint-Briac, on ne montait pas sur ses épaules pour un duel de cavaliers. On ne l'appelait pas Paul...

Ce qu'il était possible en revanche de faire avec Saint-Briac, c'était aller à travers le domaine jusque chez Mme Viel, à Châtenay-Malabry.

— À Châtenay en pleine nuit ? Mais tu as perdu la tête, mon pauvre ami !

— Saint-Briac, tu as lu sa lettre, non ? Et ce qui m'est arrivé ce matin, tu y penses ? Je vais lui rendre ce tarot, même si je dois être renvoyé du lycée pour avoir fugué ! Si tu te défiles, tant pis, j'irai seul !

Saint-Briac leva au ciel un regard exaspéré et rejeta une bouffée de fumée bleue. Il était huit heures du soir et ils discutaient tous deux dans la chambre du jeune homme.

— Magnifique ! Quel panache ! Saute sur ton blanc coursier, fier mousquetaire, et ne reviens en ces lieux qu'une fois ta mission accomplie ! Hé ! Peyreix ! Redescends sur terre !

— Moque-toi de moi ! Je me prends tout en pleine poire depuis le début ! Toi, toi... t'es qu'un dandy, un poseur qui se distrait avec mes malheurs, un... un...

— ... ami qui veut t'éviter les pires ennuis. Théo, réfléchis : tu sais aller, sans carte, en pleine nuit, à Châtenay-Malabry ? Non, n'est-ce pas ? Moi non plus. Et tu veux vraiment traverser le parc du domaine, dans le noir, après ce qui nous est arrivé dimanche ? Moi pas. Et en admettant que nous arrivions jusque chez cette dame, qui sait comment on nous accueillera là-bas, au milieu de la nuit ? Sais-tu seulement si son mari est au courant de ses petites histoires de sorcellerie ? Théo, crois-moi, il vaut mieux lui écrire, lui proposer un rendez-vous.

Théo acquiesça, radouci. D'abord parce que Saint-Briac lui avait parlé gentiment, en l'appelant par son prénom – une première –, et ensuite parce que ce qu'il disait était vrai.

— D'accord... C'était idiot. Je vais lui écrire.

— Et puis ton Gaston va peut-être venir, non ? Il est bien question de ça, dans la lettre ?

— Oui, à mon jardin. Mais c'était pour vendredi dernier, pas mardi prochain ! Je te rappelle que la lettre date de jeudi, que cet imbécile de concierge l'avait gardée.

— Eh bien, vas-y quand même demain. Si ça se trouve, Mme Viel envoie Gaston tous les midi. Il y a à faire dans ce jardin, non ? D'ici un an ou deux, un brin d'herbe pourrait pousser sur ce tas de boue... Bon, excuse-moi. En tout cas, ce serait dommage de rater Gaston. Et si tu veux... passe-moi le tarot. Je le rangerai dans mes affaires.

— Je te remercie, Paul, mais il faut que je le garde

sur moi. Mme Viel me le dit dans sa lettre. Il faut que, *moi*, je *lui* résiste.

— Je suis fier de connaître un héros. D'ailleurs à quoi me servirait-il, ce tarot ? On ne peut plus faire de vœux... Allez, on l'écrit, ta lettre. Il faut qu'elle parte demain matin. On ne fait pas attendre une dame. Même si c'est une sorcière.

*

* *

Ce soir-là, c'était la cérémonie d'adieu à M. Vecchioni. On l'avait détesté, on avait tremblé devant lui, mais tout le monde était là, rassemblé dans la chapelle du lycée Lakanal : la Quatrième A2, les autres classes du professeur, d'anciens élèves, quelques parents, le corps enseignant, l'administration... et M. Sargatanas, le remplaçant.

Comme il était élégant et digne, M. Sargatanas, dans sa redingote, chapeau bas, avec son beau visage contristé !

Un petit Sixième tout ému, puis M. Périssole (« Comprenez-vous ? Comprenez-vous ? ») prononcèrent quelques mots d'hommage devant l'assemblée. Vint le tour de M. Lemeing :

— La voix de votre maître ou collègue, messieurs, est à jamais éteinte, son corps est loin de nous. Il a rejoint son pays natal, cette région fière et ombrageuse comme il l'était lui-même, la Corse, mais son esprit...

Théo s'était interdit de *le* regarder. Il ne put s'en empêcher. Bien entendu Sargatanas ne dévisageait que lui, et son sourire carnassier traduisait à sa manière ces mots de circonstance, leur donnait un sens plus net et plus plein :

— *Je t'ai bien aidé, n'est-ce pas ? Hein,* POUR VECCHIONI *? Il roule, il roule, dans un train. Il ne dit plus rien, il ne fait de dictée à personne, là-bas, dans sa boîte...* VECCHIONI*...*

Théo se retourna et pleura. Une fois de plus il s'accusa. Il était responsable de la mort d'un homme et il avait libéré ce démon. En descendant de la tribune, M. Lemeing lui secoua l'épaule familièrement – fier sans doute d'avoir provoqué une telle émotion avec ses beaux discours.

10

Mardi 15 mai

Une heure. Théo traversa la cour à toutes jambes et s'enfonça sous les arbres. Là-bas, dans un autre monde, Bedot et Lebrun finissaient leur semoule de riz sur les bancs du réfectoire.

La nuit avait été calme, la matinée aussi. Un contrôle de maths complètement raté, le dessin appliqué d'une potiche, et deux heures à écouter Lémery raconter par le menu le procès de Jeanne d'Arc. À cette époque-là, on brûlait les sorcières. Théo s'était imaginé Mme Viel ligotée sur un tas de bois auquel un Gugusse médiéval mettait le feu en ricanant.

Absurde. Mme Viel n'était pas vraiment une sorcière. Elle était du côté du Bien. Forcément, puisqu'elle voulait l'aider. Enfin il l'espérait.

Le spectacle du jardin lui serra le cœur. Ce n'était plus qu'un amas de mottes de terre où restaient imprimés les piétinements de Bousquier. Il prit un râteau dans un appentis et se mit à racler la terre pour les effacer.

— Psitt !... Théo !

Théo lâcha le râteau. Debout au bord de l'enclos, Gaston lui fit un large sourire et remonta ses lunettes sur son nez. Il avait l'air en pleine forme et d'excellente humeur. Le lycée ne lui manquait pas.

— T'as reçu la lettre de ma mère, pas vrai ?

Gaston ! Quelle joie ! Théo n'osait pas y croire !

— Mon vieux Gaston ! Oui, je l'ai eue, mais avec du retard, hier seulement. Le concierge l'avait perdue. T'as vu mon jardin ? Signé Bousquier. Mais bon, on n'a pas le temps d'en discuter. Dis donc, c'est pas très prudent de rester planté là, on ne sait jamais. Viens derrière l'appentis.

Gaston fronça les sourcils.

— Je préférerais ne pas m'attarder. Passe-moi le tarot tout de suite, c'est plus prudent. Comme ça, si je dois foncer, il sera déjà dans ma poche.

— Euh... Oui... T'as raison. J'arrive.

Théo s'accroupit, ramassa son râteau. L'outil s'était couvert de terre et d'herbes mortes. Impossible de le ranger dans cet état, M. Bénèche en ferait une maladie. Presque inconsciemment, Théo commença à le nettoyer.

— Qu'est-ce que tu fais ? Dépêche-toi ! C'est pas le moment !

— Une seconde !

Quelle autorité ! Décidément, cela réussissait à Gaston de ne plus être au lycée. Théo lui lança un regard par en dessous. Quelle élégance, aussi. Son uniforme n'était pas froissé comme à l'accoutumée, avec un pan de chemise dépassant de son pantalon tout bouchonné, et ses chaussures brillaient. Mais pourquoi l'uniforme ? Après tout il n'était plus élève au lycée. Théo se releva d'un bond.

— Dis donc, Gaston, comment as-tu fait pour venir ici ?

— Mais comme l'autre fois. Enfin, tu sais...

— Le passage dans la haie, contre le mur ? Et comment t'es-tu débrouillé pour ne pas salir tes chaussures, ni ton pantalon ?

Gaston baissa le nez vers ses chaussures. Quand il releva la tête, une moue de contrariété tordait sa bouche.

— Écoute, Théo, on parlera de mon pantalon

après. Faut me donner le tarot. Ma mère m'attend dans la rue et elle va pas être contente si je traîne !

Théo s'approcha à pas lents. Quelque chose ne collait pas. Quelque chose d'indéfinissable qui faisait s'accélérer son cœur. Gaston n'était pas comme d'habitude. Jamais il ne parlait ainsi. Et comment sa mère pourrait-elle s'impatienter puisqu'elle n'était pas sûre que Théo fût là ?

Théo s'arrêta à trois pas de Gaston. Le gros garçon tendait la main.

— Allez, quoi, Théo, sois chic ! Je vais encore me faire engueuler par mam... par ma mère !

— Ça va ! Je vais te le rendre, ton tarot !

Théo fouilla dans sa poche, sortit un mouchoir, s'essuya les mains. Il n'avait pas envie de se presser. Soudain il se rappela :

« Allez, quoi, Théo, sois chic, je vais encore me payer un zéro et je serai consigné dimanche. Je pourrai pas voir... ma mère. »

Pourquoi Gaston répétait-il presque mot pour mot la phrase qui l'avait décidé à accepter le tarot ?

Théo manipula l'étui dans sa poche. Il fit la moue.

— Gaston, il y a un truc qui me gêne. Dans sa lettre, ta mère me demande de lui remettre le tarot en mains propres. À elle seule.

— Mais enfin, elle ne peut pas entrer, elle. Allez,

quoi, qu'est-ce qui te prend ? Tu te méfies de moi ou quoi ?

— N... non. Mais...

C'était stupide, en effet. Il n'allait quand même pas hésiter à se débarrasser de ces cartes maudites ! Il sortit le jeu. Les yeux de Gaston brillèrent, un sourire étira ses lèvres. Un sourire de triomphe que Théo ne lui avait jamais vu.

« *Mam... ma mère.* »

Théo recula sans s'en apercevoir. Il baissa les yeux vers la main toujours tendue. Les ongles de Gaston dépassaient du bout de ses doigts potelés comme de petites griffes recourbées.

— Quoi, quoi, Thé-o ? Rends-moi ce tarot !

Les cheveux de Théo se hérissèrent. Un lambeau de nuage lugubre obscurcit le ciel au-dessus des branchages jaunes des platanes. La silhouette de Gaston se tordit comme un papier dans une flamme. Des fantômes d'ailes noires battirent l'air autour de lui. Sa main s'agrandit, de plus en plus maigre, devint une patte écailleuse et griffue, tandis qu'il croassait : « Thé-o ! Thé-o ! »

— JAMAIS ! JAMAIS ! VA-T'EN ! JE NE TE LE RENDRAI JAMAIS !

Il s'enfuit à toutes jambes, sautant par-dessus le petit enclos de son jardin. Il parcourut une trentaine de mètres. Il faillit tomber de frayeur en débusquant la biche apprivoisée qui décolla du sol d'un bond aérien. Alors il regarda derrière lui.

Il n'y avait plus personne.

Seulement un corbeau qui se soulevait lourdement, dans le ciel redevenu bleu.

Son sang battait dans ses oreilles, l'essoufflement oppressait sa poitrine et sa gorge, il ne s'arrêtait pas, ne se retournait plus. Au-dessus de lui la voix déformée de Gaston nasillait, répétait son nom en plein ciel. Le corbeau le suivait.

Il regagna ainsi la cour où il s'affala contre un pilier du grand couloir. Là, une partie de billes acharnée se disputait : Marchal, un Troisième au visage mangé par l'acné, l'emportait haut la main. Plus loin, un match de balle-pelote se disputait contre le mur granuleux où affleuraient des fossiles de coquillages. Théorème arpentait la cour en lisant, aveugle aux bagarres qui éclataient autour de lui. Où que Théo regardât, des garçons comme lui jouaient, couraient, s'insultaient, riaient. Pour eux la créature la plus terrifiante était un surveillant général brutal, et la perspective la plus angoissante une interrogation de latin ou un zéro en maths.

Faisait-il encore partie de cet univers simple et routinier ? Bedot et Lebrun, qu'il intimidait désormais, étaient à deux pas et firent mine de ne pas le voir. Dans son monde à lui, les tarots exauçaient les vœux, les sorcières envoyaient des lettres et les démons prenaient de multiples visages.

« Je n'ai même pas envie de pleurer », se dit-il.

Le roulement du tambour le fit sursauter. Il se leva comme un automate, alla se ranger avec sa classe. Le bruit confus de la récréation avait au moins dominé les interpellations du corbeau. Théo leva la tête. Ils étaient plusieurs, là-haut, à exécuter de vastes figures au-dessus de la masse des élèves qui formaient les rangs. Ils se ressemblaient tous. Était-*il* encore parmi eux ? Étaient-ils tous des démons ou des serviteurs de Sargatanas ? Ou n'étaient-ce que des oiseaux normaux, ceux que voyaient les autres élèves, et Gugusse, et M. Lemeing ?

Il ne trouva pas Saint-Briac au club d'échecs ce soir-là.

À six heures quarante-cinq, il se décida à aller le voir dans sa chambre. Il n'avait jamais éprouvé à ce point le besoin de lui parler. De plus, il s'inquiétait pour lui. Sargatanas avait besoin d'un Théo vivant qui lui donne le tarot, mais Saint-Briac ne lui était utile en rien, pas plus que Vecchioni, par exemple. Et il devait peu l'apprécier depuis la scène du château où Saint-Briac s'était moqué de lui. Théo frappa à la porte de la chambre 414. Un nœud se formait dans son estomac.

Il s'éclaircit la gorge, frappa plus fort

— C'est moi, Saint-Briac, tu es là ? Il... il faut que je te parle, c'est important.

— Entre.

Théo poussa la porte doucement. Saint-Briac, debout devant la fenêtre ouverte, tournait le dos à Théo. Il ne se retourna même pas. Le visiteur resta un instant figé : des cartes postales, arrachées au mur, gisaient sur le carrelage au milieu d'un grand désordre de papiers et de livres.

Est-ce qu'il se serait battu ? Avec Sargatanas ? Est-ce que... ?

Théo sentit ses bras se couvrir de chair de poule. Il ne supporterait pas une nouvelle scène de métamorphose. Il attendit en retenant son souffle.

— Tu voulais me dire quelque chose, Peyreix ? Du nouveau ?

Saint-Briac n'avait toujours pas tourné la tête. À croire qu'il ne pouvait détacher le regard d'un spectacle passionnant. Sa voix était bizarre, voilée. Théo balbutia :

— Pas... pas vraiment. C'était juste... comme tu n'étais pas au club. Je me suis dit... Euh... Ça va ?

— Oui. Enfin... Oui. Rien de neuf, alors ?

Il se décida à se retourner. Théo se préparait au

pire. À voir, par exemple, le visage de Sargatanas sous la mèche blonde de son ami. Mais non, malgré le contre-jour, Théo reconnut les yeux gris de Saint-Briac. Évidemment, ça ne voulait pas dire grand-chose... Saint-Briac lui fit un sourire forcé. Théo l'interrogea :

— Tu es sûr que ça va ? C'est quoi ce bazar dans ta chambre ?

— Je me suis énervé. J'étais en colère. Ne reste pas planté devant la porte. Tu peux t'asseoir sur le lit. Et ne me regarde pas comme ça. Je ne vais pas t'utiliser comme *punching-ball*.

Théo se fraya un passage jusqu'au lit.

— Tu veux bien m'expliquer ?

Saint-Briac s'assit à son bureau le regard vide.

— *Well*, un petit courrier, mon cher. Une charmante lettre de ma *mother* m'informant qu'elle était désolée, vraiment désolée, mais que je ne la verrais pas à la Pentecôte. Elle part pour Amsterdam, figure-toi. Une invitation de dernière minute, elle ne pouvait pas refuser. Les artistes ont des obligations, tu comprends, c'est un métier si contraignant, etc., etc. Les conneries habituelles, quoi !

La colère de Saint-Briac renaissait de ses cendres. Deux taches rouges grossissaient sur ses pommettes. Théo remarqua avec surprise que ses paupières étaient gonflées. Était-il possible que le dédaigneux Saint-Briac ait pleuré ?

— Et je vais encore rester enfermé dans cette taule !

— Écoute, Saint-Briac... Si tu veux...

Théo hésita. Ce n'était peut-être pas le moment.

— Je peux t'inviter chez moi, à Pontarion. Oh ! c'est un trou paumé bien pire que Sceaux, mais ça te changera les idées.

— C'est vrai que j'ai toujours rêvé de visiter Pontarion...

— Moi, j'irai à la pêche et toi, pendant ce temps-là, tu joueras aux échecs avec ma grand-mère.

Théo le regarda d'un air incertain, puis Saint-Briac sourit.

— Splendide ! En route pour Pontarion, mon cher. Alors, à midi, pas de Gaston Viel ?

— Oh ! si...

Théo commença son récit.

*

* *

Théo éteignit sa lampe et se mit au lit. Le lendemain, il aurait deux heures de cours avec Sargatanas. Malgré la lettre de Mme Viel et les encouragements de Saint-Briac, cette perspective le terrorisait. Il se sentit misérable. Qu'inventerait le démon pour le torturer, pour le ridiculiser devant toute la classe, pour le rendre fou ?

Il serra l'étui du tarot sous son oreiller. Une crainte superstitieuse l'empêchait de le laisser la nuit dans le tiroir du bureau. Il se coucha sur le côté. Il fallait dormir, et pour cela penser à tout autre chose. Pourquoi ne pas évoquer la belle Anne, la fille de ses rêves ? Il la négligeait trop, ces temps-ci. Elle finirait par le laisser tomber. D'ailleurs il mit du temps à lui reconstituer un visage et une silhouette.

Il était en train de lui proposer une promenade en barque sur le grand canal du parc de Sceaux quand il entendit le toussotement.

Il ouvrit grand les yeux dans le noir.

— Je sais que tu ne dors pas, Thé-o.

Il essaya d'avaler sa salive mais sa bouche s'était brutalement desséchée. Il parvint à chuchoter :

— Allez-vous-en ! Laissez-moi ! Vous n'aurez pas ce tarot !

Un profond soupir répondit puis, à sa grande stupeur, la flamme d'une allumette s'approcha de sa lampe à pétrole, deux doigts tournèrent la roulette pour régler la veilleuse.

Sargatanas était assis sur le tabouret du bureau. Les ombres jouaient sur son visage pâle, en adoucissaient les contours. C'était le Sargatanas élégant et souriant, l'inconnu du début. Il appuyait les deux mains sur le pommeau de sa canne et regardait Théo d'un air peiné.

— Tu me fais du chagrin, tu sais. Tu me prends pour un monstre, hein ? Moi, je t'aime bien, et ne m'en demande pas la raison, c'est comme ça. C'est moi qui t'ai choisi. Tu ne t'es pas demandé pourquoi Gaston Viel n'avait pas essayé de faire des vœux avec le tarot ? Mais si, tu t'es posé la question, j'en suis sûr. Eh bien, il a essayé, figure-toi. Il avait tant de choses à demander, ce pauvre nigaud ! Il n'est pas gâté par la nature, tu es d'accord ? Mais moi, je n'avais pas l'intention d'obéir à ce gros bêta. Je voulais un maître digne de moi, et ce fut toi.

Théo, s'appuyant sur ses bras, s'assit d'un coup et se colla contre le mur.

— Tu ne dis rien ? Tu as peur de moi ? Tu as tort, je ne te veux aucun mal.

— Menteur ! Sale menteur ! Vous croyez que... que je vais vous croire ? Vous êtes prêt à tout pour avoir le tarot, vous... vous êtes le Diable !

— Oh ! les grands mots ! Non, vraiment, Théo, je crois qu'il faut que nous parlions un peu tous les deux. Penses-tu vraiment que le Diable se serait laissé enfermer dans une lame de tarot et qu'il en serait réduit ensuite à supplier un garçon de treize ans ? Réfléchis ! Ce n'est pas sérieux ! Moi, je ne suis qu'un petit génie bien inoffensif. Tu vois, tu m'as mal jugé, tu n'as à mon sujet que des idées préconçues.

« *Le* Diable, peut-être pas, mais *un* diable. » C'est tout ce que le cerveau de Théo lui dicta pendant cette tirade.

— Bon, c'est vrai, j'ai essayé de t'intimider, et même de te tromper. Je n'avais pas le choix ! Mets-toi à ma place... Des siècles que je suis pris au piège dans cet arcane, obligé d'obéir au moindre caprice du premier sorcier venu ! Ou plutôt de la première sorcière, parce que jusqu'à présent j'ai plutôt servi des dames... Ce n'est pas une vie, crois-moi !

Théo, recroquevillé contre le mur, ne pouvait détacher ses yeux du démon. Une petite voix lui criait qu'il était en train de devenir fou ou – hypothèse séduisante – en train de rêver. Mais il savait bien que, depuis plus d'une semaine, rêve et réalité n'avaient plus de frontière fixe. Il s'éclaircit la gorge :

— Vous essayez de m'embobiner. Je ne veux rien entendre, pas la peine de continuer !

— Tut ! tut ! tut ! Il faut que tu m'écoutes, pourtant. Je te croyais plus curieux... Tu ne veux pas savoir qui est réellement Mme Viel et pourquoi elle veut tant récupérer le tarot ? Pourquoi lui accordes-tu une telle confiance ? Elle n'a jamais rien fait pour toi, elle. Moi, je t'ai bien aidé, il me semble...

— En tuant Vecchioni ? En faisant de Bousquier une sangsue accrochée à mes basques ?

— Je t'avais mal compris, c'est tout. Vecchioni, ce n'est pas tout à fait ma faute. Je ne savais pas qu'il était cardiaque. Je suis maladroit, c'est vrai. Je voulais seulement te faire plaisir. Alors que cette sorcière... Je peux te dire ce qu'elle fera dès qu'elle aura retrouvé le tarot : un vœu, Théo, un vœu *te* concernant. Et je détesterais avoir à le réaliser...

Théo étouffa un gémissement. Sargatanas mentait, il mentait forcément. Il ferma les yeux. Il ne voulait plus voir son visage triste, ses yeux suppliants, ses longues mains blanches serrées sur la canne. Sargatanas n'avait plus du tout l'air froid et cruel qu'il arborait la veille en cours.

— Pourquoi ? Pourquoi ferait-elle une chose pareille ?

— Elle déteste qu'on connaisse ses petits secrets.

— Et vous ? Que ferez-vous une fois le tarot récupéré ?

— Moi ? Mais je m'en irai, bien sûr ! Ha ! ha ! enfin libre ! Tu te rends compte ? Tu ne me verras plus, j'ai bien autre chose à faire, même si je t'aime bien. Seulement voilà, tant que tu gardes ces cartes, je ne peux pas partir. Je suis lié à elles, tu comprends ? Ce n'est pas du tarot dont je suis amoureux, c'est de la liberté. Oui, de la liberté, comme ton ami

Saint-Briac, comme vous autres les Français avec votre République. C'est si mal, de vouloir la liberté ?

— Lié aux arcanes. Pourquoi ? Comment est-ce possible ?

— Ce serait une longue histoire à raconter. J'ai été pris au piège, voilà tout, il y a... longtemps. Quelle puissante femme que Mme de Montespan ! On n'en voit plus des comme ça. Même Louis XIV n'y a vu que du feu. Du feu ! Ha ! ha ! Du feu ! Euh, excuse-moi. Enfin, tu vois, mon sort ne dépend que de toi, Théo.

Un sourire mélancolique ponctua cette dernière phrase. Le doute s'insinuait, Théo revit Mme Viel descendre l'allée pavée telle une furie déchaînée. Si Sargatanas disait vrai ? Si cette femme était mauvaise ? Il soupira, reprenant ses esprits, se rassurant peu à peu, s'habituant à cette présence étrange, à cet art de traverser les murs et d'avoir l'air humain malgré tout. Une idée le traversa...

— Sur la carte XV; sur *votre* carte, nous sommes maintenant dessinés, Saint-Briac et moi. Qu'est-ce que ça veut dire, ça ?

— Sur la carte XV ? Hum... Vraiment ? Je ne sais pas, c'est... c'est bien étrange...

— Vous ne savez pas ? Tiens donc !

— Théo ! Ces soupçons continuels me blessent ! Pourquoi ne me crois-tu pas, à la fin ?

— Mais... parce que vous m'avez maltraité hier, en cours. Parce que vous vous êtes fait passer pour Gaston. Parce que vous m'avez menti ! Comment voulez-vous que je vous croie ?

Sargatanas se leva, sourcils froncés, la mine peinée. Il paraissait immense et l'ombre qu'il projetait derrière lui l'était plus encore, obstruant fenêtre et plafond. Il s'appuya sur sa canne.

— J'ai commis des erreurs, c'est vrai. L'habitude d'être confronté à ces pestes de sorcières, je suppose. Écoute, puisque tu hésites, je te propose quelque chose. Un marché. Admettons que tu me donnes ce tarot et que je sois libre. Eh bien, je promets de venir te voir une fois par mois pour réaliser un vœu. Tu pourras me demander ce que tu voudras, je le ferai. Chacun y trouve son avantage, non ?

Les conjectures se succédaient à toute allure dans l'esprit de Théo. Il n'avait plus peur, il calculait. Il se vit donner les cartes à Sargatanas puis le retrouver, chaque mois, pour obtenir de lui tout ce qu'il voudrait : examens et diplômes, filles, argent... À lui la vie facile ! Sargatanas lui souriait benoîtement, hochant un peu la tête comme s'il acquiesçait aux visions imaginées par Théo. Théo sourit à son tour.

— Vous feriez tout ce que je voudrais, vraiment ? Même revenir dans le tarot ?

— Tu te moques de moi ?

Une seconde, un rictus de colère avait remplacé le sourire doucereux. Ce dernier se recomposa néanmoins sur le visage du démon presque aussi vite qu'il en avait disparu. Sargatanas avait compris que Théo plaisantait. Le sourire n'était cependant plus très convaincant et Théo, plantant son regard dans celui du démon, dit simplement :

— Oui.

Sargatanas heurta le sol d'un coup de canne rageur. Il y eut un coup de tonnerre bref. Une fumée brune s'éleva de l'endroit que la canne avait frappé. La silhouette de l'homme élégant se brouilla, s'étira comme un nuage, et une autre figure, peu à peu, la remplaça. Un grand corps à la fois sombre et luisant, aux ailes noires, membraneuses, encadrant un visage livide où deux flammes rouges dessinaient les yeux. Le monstre rugit :

— Je te proposais un pacte, Thé-o ! Tant pis pour toi si tu refuses ! Tu te crois fort ! Plus fort que tu ne l'es ! Donne-moi mon tarot ou je te rendrai fou, FOU. On t'enfermera dans un asile où tu croupiras jusqu'à ta mort...

Théo secoua résolument la tête, lèvres serrées, une main tenant fermement le jeu de tarot caché sous l'oreiller. Dire qu'il avait failli accepter ! Non. C'était NON.

— Thé-o. Thé-o. Thé-o.

La voix se déformait.

Dans un souffle les ailes se refermèrent et l'être disparut d'un coup.

Une partie de la nuit passa lentement. Puis Théo sombra dans un sommeil qui n'était qu'un tissu de cauchemars. Chaque fois qu'il se réveillait, il pensait que la réalité n'avait rien de mieux à lui offrir.

Enfin, les premiers roulements de tambour éclatèrent dans la cour.

Théo se leva épuisé. Combien de temps encore allait-il tenir ?

11

Mercredi 16 mai

Sargatanas arpentait l'estrade d'un pas félin. Posé contre l'angle du mur, il y avait le pommeau de sa canne en forme de serpent entortillé. Un grand soleil inondait la classe, chauffait le bois verni des pupitres noirs. Théo se tassait contre une fenêtre au fond. L'atmosphère printanière, mal accordée à ce qui le tourmentait, ne parvenait même pas à la lisière de sa conscience. Ses yeux cernés ne quittaient pas le soi-disant professeur de lettres qui souriait aux élèves.

— Nous étudierons aujourd'hui une fable de La Fontaine : *Le Loup et l'Agneau*. Notez, messieurs, notez.

Sargatanas dicta la fable de mémoire, à grand renfort de gestes gracieux, puis se mit à la commenter. Rien d'extraordinaire jusque-là. Théo s'arrachait pour rien l'ongle du pouce : Sargatanas semblait l'avoir oublié. En y regardant mieux, Théo s'aperçut même que l'élégant démon ne faisait cours, selon toute apparence, que pour... Bousquier ! Comme il suivait attentivement, celui-là, assis au premier rang, le menton enfoncé dans la main gauche tandis que l'autre main copiait avec acharnement ! Et comme Sargatanas le couvait du regard !

— *La raison du plus fort est toujours la meilleure [...].* Qui oserait s'élever contre cette morale, mettre en doute sa sagesse profonde ? Oui, ce que La Fontaine démontre ici, c'est l'enseignement même de la vie ! Malheur aux faibles ! Dans la jungle, le lion est roi ! Et l'agneau, s'il en était capable, ne tuerait-il pas le loup ? N'est-ce pas son désir caché ? Mais voilà, il n'en est pas capable. Soyez des loups, jeunes gens...

Théo jeta un regard circulaire. Ses camarades écoutaient attentivement l'interprétation toute personnelle que Sargatanas donnait du fabuliste. Puyjaloux, front baissé, rentrait les épaules. Évidemment il avait du mal à se glisser dans la peau du loup. Bedot se nettoyait une narine pendant que Lebrun mangeait son porte-plume. Morin, toujours très sûr de lui, leva la main.

— Excusez-moi, monsieur, mais il me semblait que La Fontaine entendait justement dénoncer...

— Dénoncer ? Ah ! Petit sot ! dénoncer quoi, je vous le demande bien ? Le monde est ainsi fait : le fort écrase le faible, le riche écrase le pauvre, le loup dévore l'agneau. Reste à choisir son camp : prédateur ou larve !

— Quand même, le respect, la justice...

— Taisez-vous, Morin, vous me répugnez, vous et vos semblables, à toujours décider de ce qui est juste et de ce qui ne l'est pas. La vraie justice n'appartient pas aux geignards de votre espèce. À propos de respect, vous me conjuguerez d'ailleurs *Je dois respecter mes professeurs* à tous les modes et à tous les temps pour demain.

— Monsieur, c'est injuste.

— Vous le conjuguerez deux fois.

Sargatanas fixa froidement Morin, attendant une nouvelle réplique de M. « Premiers-Prix ». Il n'y eut plus de réplique mais Morin soutint le regard du professeur, en se mordant la lèvre jusqu'au sang. Bousquier se tourna vers lui. Un rictus carnassier déformait ses traits grossiers. Il lança :

— Y en a marre des binoclards qui se prennent pour des génies !

Sargatanas posa sur lui un regard bienveillant.

Au roulement de tambour, Théo se précipita vers la porte.

Rien. Il ne s'était rien passé. Ce serait donc pour l'après-midi ? Incrédule, il se retourna au moment de quitter la salle. Bousquier, monté sur la chaire, parlait avec Sargatanas.

Le loup de la Quatrième A2 avait trouvé son chef de meute.

*

* *

Pourquoi aller au jardin ? Dans le ciel, la même traînée grise qu'hier, au milieu du bleu. Et le même ballet de corbeaux. Ce rendez-vous était une idée de Saint-Briac. Dans l'enclos solitaire, ils pourraient tranquillement faire le point. Et puis, sait-on jamais ? une apparition du vrai Gaston Viel n'était pas exclue.

Ce fut Bousquier que Théo rencontra, campé contre l'appentis, les manches retroussées. Il voulut fuir. Au bout de cinq pas une poigne brutale le saisit par le col et le tira en arrière, dans un recoin entre les masures de jardiniers. Comme par un fait exprès, M. Bénèche ne montrait pas le bout de son râteau.

— Tu venais dans ton jardin ? T'espères le remettre en état pour le concours ?

— Qu'est-ce que ça peut te faire ? Lâche-moi. Sinon je dirai que c'est toi qui l'as fichu en l'air, et j'ai un témoin : Bénèche. Il peut t'éliminer d'office pour la remise du prix.

L'étreinte ne se relâchait pas. Bousquier reprit, la voix saccadée, déformée par la rage :

— M. Sargatanas a raison à ton sujet. T'es décidé à jouer les insolents. Et tes bobards sur le jardin, t'as pas intérêt à les sortir. Mais je suis là pour régler une affaire de vol. Tu vois de quoi je parle ? Donne le jeu de cartes.

— Quoi ?

— Joue pas les innocents. Donne le jeu que tu as volé à M. Sargatanas.

Théo pensa à toute vitesse : « Sargatanas l'utilise ! *Lui* ne peut pas me prendre le tarot, mais quelqu'un peut le faire à sa place ! »

— Sors-le, vite. Donne-le-moi ! Donne-le, tu entends ?

Une lueur de folie brillait dans le regard de Bousquier. Théo avait toujours eu peur de lui, mais cette fois il ne s'agissait pas d'un règlement de comptes entre élèves. « *Il pourrait me tuer. Il n'est plus lui-même...* »

— Écoute, Henri, je ne lui ai pas volé le tarot, je te le jure. Le tarot est à moi. Rappelle-toi. Vecchioni me l'avait confisqué. Sargatanas...

— MONSIEUR Sargatanas !

— M. Sargatanas n'était pas encore...

Une gifle monstrueuse s'abattit sur le crâne de Théo et lui fit presque perdre l'équilibre.

— Ta gueule ! Pas de salades, le jeu de cartes !

Sans quitter Bousquier des yeux, Théo mit la main dans la poche de sa veste. Et d'un mouvement rapide il lui décocha un coup de pied dans le genou. Il se mit à courir dans l'allée qui longeait les enclos. Bénèche ! Si seulement Bénèche était là ! Hélas ! ce qui vint à sa rencontre, ce fut le costume raffiné de Sargatanas, sa canne, son chapeau haut de forme. Théo ralentit, chercha des yeux un chemin de traverse. Le démon riait, sûr de lui.

Alors Théo reçut une violente poussée dans les reins et s'étala dans la poussière. Deux secondes plus tard, Bousquier était assis sur son dos. Théo reçut plusieurs coups sur la tête qui lui râpèrent le menton contre le sol battu du sentier. Ce qu'il vit ensuite, ce fut la chevelure frisée de son ennemi entre lui et le soleil. Bousquier debout devant lui manipulait l'étui du tarot.

— Henri... Ne fais pas ça ! Cet homme est... mauvais. Il ment...

Un coup de pied suffit à le faire taire. À travers un voile rouge, Théo suivit la scène finale : Henri Bousquier s'avançant triomphalement vers Sargatanas, tendant le tarot à bout de bras. Il ignora alors la peau arrachée de sa joue, la douleur qui lui cerclait le crâne, et tout son martyre, tout ce qu'il avait subi depuis le fatal lundi où un cancre lui avait offert un cadeau en échange d'un devoir. Seule subsistait une horrible amertume. C'était fini.

Le Mal avait gagné.

Il hurla sans le moindre espoir :

— Madame Viel ! Madame Viel ! Saint-Briac ! Au secours ! Gaston !

— La ferme !

Pourquoi se taire ? Ils pouvaient bien le tuer à présent. Il n'y avait plus rien, aucun espoir.

Personne ne le tua. Quelque chose de nouveau se produisit. Théo se releva lentement, la vue brouillée par les larmes. Bousquier était allongé à terre comme lui-même précédemment. Sur Bousquier il y avait Saint-Briac, qui essayait d'arracher le tarot. Injures, grognements, et, entre deux grossièretés proférées par Bousquier, une voix moqueuse et ferme :

— C'est très vilain d'embêter ses petits camarades. Ça mérite une fessée. Allez, Bousquier, donne-moi ce jeu ! Fais-moi une passe ! Quel mauvais joueur !

Bousquier ne lâchait pas son trésor. Il se débattait avec une force surprenante, anormale. Saint-Briac avait peine à le maintenir au sol. Il finit tout de même par trouver une prise efficace et, doigt après doigt, libéra le tarot de la main qui l'emprisonnait. Alors, Bousquier appela à l'aide :

— Monsieur Sargatanas ! Vite !

Deux ailes géantes fondirent sur Saint-Briac. Elles l'enveloppèrent de leur nuit. Les combattants disparurent à la vue de Théo. Mais il devinait des coups de bec furieux.

Ce qu'il entendait ressemblait au bruit des voiles d'un grand navire, pris dans l'ouragan. Il perçut un cri de Saint-Briac. Que faire ?

Soudain le tarot jaillit de ce tourbillon de corps, d'ailes noires et de poussière. Théo l'attrapa au vol, presque sans le vouloir. Par un réflexe de rugbyman, Saint-Briac s'était jeté au sol en lançant l'étui en arrière.

À l'instant même tout s'arrêta. Au-dessus de Saint-Briac le ciel vide. Bousquier, assis, contemplait la scène bouche bée. Il recula sur ses fesses, finit par se relever et s'enfuit sans dire un mot.

Saint-Briac, à genoux, cachait son visage dans ses mains. Du sang coulait entre ses doigts. « Ses yeux ! » pensa Théo avec horreur. Mais Dieu merci, les deux yeux gris apparurent entre les doigts qui s'écartaient.

— Tu as... le tarot ?

— Oui. Grâce à toi. Sinon, c'était fini.

— Donne-moi plutôt un mouchoir, je ne vois rien.

Théo s'empressa de lui tendre un mouchoir. Il y avait une profonde entaille juste au-dessus du sourcil droit. Saint-Briac avait aussi les mains déchirées de coups de bec, et Théo une grosse bosse et le menton en sang. Ils prirent le chemin de l'infirmerie d'un pas lent. Théo gardait la main dans sa poche et ne lâchait pas l'étui maudit.

*

* *

Cher Théodore,

Il m'est vraiment impossible de pénétrer dans le lycée depuis le renvoi de mon fils. Je vous attendrai à vingt heures, ce mercredi 16, au pavillon de l'Aurore, dans le domaine du château de Sceaux. Faites votre possible pour m'y rejoindre, même si cela ne vous est pas facile. Je compte sur vous et espère que toute cette histoire sera enfin réglée ce soir.

Amicalement.

Augusta Viel

— Tu m'accompagnes ?

— *Of course !*[1] Je ne voudrais rater cela pour rien au monde ! Les retrouvailles de la sorcière et de son tarot magique, quelle scène fabuleuse ! Et puis je ne suis pas certain que tu réussirais à trouver ton chemin tout seul.

Théo rangea la lettre de Mme Viel. Il était six heures trente et ils étaient seuls dans la salle du club d'échecs. Le jour déclinait. Après le dîner, il faudrait réussir à se glisser hors du bâtiment sans se faire remarquer. Pourquoi Mme Viel lui donnait-elle rendez-vous à une heure pareille, et dans un endroit aussi étrange ?

— Saint-Briac... Si ce n'était pas elle qui m'avait envoyé ce billet ?

— Un nouveau piège ?

— Qu'est-ce que tu en penses ?

— C'est la même écriture que la lettre ?

— Oui. Mais qu'est-ce que ça prouve ?

— Rien, bien sûr. *S'il* est capable de prendre l'apparence de Gaston, il ne doit avoir aucun mal à imiter une écriture !

— Alors, qu'est-ce qu'on fait ?

Saint-Briac se mordit les lèvres, fit rouler le fou du jeu d'échecs entre ses mains. Il avait un gros panse-

1. En français : « Bien sûr ! ».

ment sur le front et les mains entourées de bandelettes. Malgré la longue sieste de l'après-midi à l'infirmerie, Théo était fatigué. Il pensa qu'il ne supporterait pas une nouvelle visite de Sargatanas. Sortir, se battre là-bas, de nuit, dans ces friches douteuses, dans ce pavillon plein de fantômes ? Pourquoi pas ? L'idée était moins insupportable que celle d'attendre dans sa chambre comme un rat dans son trou.

— On tente le coup ? demanda soudain Saint-Briac.

La décision revenait à Théo. À lui, à ce faible Théo qui était pourtant le seul propriétaire actuel du jeu magique.

— Oui. Et puis ce serait trop bête de rater l'occasion de se séparer de ces maudits arcanes. D'ailleurs j'ai une idée. Si jamais il se faisait passer pour elle, je sais comment l'empêcher de s'emparer du tarot.

Théo fit une pause. Il était assez fier de lui.

— Je pose le tarot devant moi, entre elle et moi, disons, et je lui lance : « Je ne le donne pas. Si vous êtes vraiment ce que vous prétendez, prenez-le donc vous-même. » Tu comprends, c'est le point faible du démon. Tout dépend, pour lui, d'un acte de ma volonté, alors que Mme Viel peut prendre le tarot elle-même.

Saint-Briac éclata de rire :

— Quel sens de la formule ! Quelle lucidité ! Le démon, un point faible ? En tout cas, voilà enfin de la distraction dans cette caserne ! À tout à l'heure, au grillage. C'est l'heure du souper. Au fait, je sais où trouver deux lampes.

12

Mercredi 16 mai, la nuit

Ils se glissèrent au-dehors par la fenêtre du club d'échecs. La lune pleine éclairait la nuit et les lanternes s'avéraient inutiles. Entre les masses sombres des arbres, les buissons aussi menaçants que des présences étranges, Théo ne ressentait pas de peur particulière. Ou plutôt ce sentiment avait atteint chez lui une telle permanence qu'il l'oubliait presque. La classe, le jardin s'étaient faits terrifiants en plein jour : alors pourquoi ne pas se promener la nuit dans un domaine abandonné ? Il se dit tout de même qu'il ne serait pas parti seul, sans Saint-Briac.

Ils s'arrêtèrent un instant sur l'esplanade, contemplèrent les tours pointues du château qui semblaient dessinées à l'encre de Chine, poussèrent la grille. Théo ressentit à ce moment une curieuse impression de vide. Quelque chose n'allait pas. Quelque chose *manquait*. Mais quoi ?

Qu'est-ce qui pouvait manquer, là où il n'y avait rien ni personne ? Il n'en parla pas à Saint-Briac. Ils s'avancèrent dans la grande allée, leurs pas crissèrent sur le gravier. Ils obliquèrent à droite pour contourner la ferme et Saint-Briac eut cette exclamation narquoise :

— Excuse-nous, Sargatanas, de négliger ton beau château. Mais ce soir nous sommes invités ailleurs.

Il fallait s'enfoncer dans une épaisse forêt de conifères, et le pavillon où ils avaient rendez-vous – que Théo apercevait depuis sa chambre à Lakanal – était encore invisible. Sous les arbres il faisait un peu froid. Un chat-huant poussa son cri lugubre. Ils marchaient vite, sans parler. Comment Saint-Briac évitait-il toutes les ramures qui giflaient Théo, toutes les racines où Théo, lui, se prenait le pied ?

Derrière eux un chien hurla. Une plainte longue et déchirante, qui les arrêta un instant. Est-ce que cela venait de Sceaux ? De plus près ? Du château ? Il n'y avait pas d'hommes au château, donc pas de chiens. Et pourtant... Le hurlement reprit. Oui, cela venait bien du château ou de ses parages.

Ils se remirent en marche. Au loin sur la droite, ils distinguaient quelques fenêtres allumées dans le bâtiment du lycée. Des chambres d'internes où l'on traduisait du latin, où l'on écrivait à sa famille, à une jeune fille.

— Regarde, dit Saint-Briac.

Le pavillon se dressa devant eux sous la lune, au milieu d'une clairière. Vu d'aussi près, il en imposait. Des escaliers convergeaient de trois côtés vers une salle ronde, aux fenêtres immenses, surmontée d'une vaste coupole. Là aussi, autrefois, il y avait des fêtes brillantes, des rendez-vous galants. Et aujourd'hui c'était le repaire de qui ? ou de quoi ?

Il y eut un nouveau hurlement. Proche, cette fois. Extrêmement proche.

Théo se retourna.

— Un loup !

Un masque monstrueux, défiguré par ses babines retroussées, émergeait du feuillage à quelques mètres.

Le sang de Théo cessa de circuler, se transforma en glace. Ce loup était plus gros qu'une vache, deux braises rouges remplaçaient ses yeux. Il grondait sourdement.

— Saint... Saint-Briac, qu'est-ce qu'on fait ?

Théo comprit soudain son impression de tout à l'heure, sur le carrousel. À l'entrée du parc, avant la grille, les socles... ils étaient vides. Il les avait si bien détaillées, deux jours plus tôt, ces statues ! Le loup et le dogue d'un côté, la licorne et le dragon de l'autre. Ce loup géant, c'était la statue !

Une licorne, un dragon ? Mais alors...

Il y eut un bruit de branches fracassées. Elle était là, près d'un bassin dans un resplendissement de lune. La grande licorne, qui les regardait d'un air triste, le cou élégamment ployé sous le poids de sa corne torsadée.

Théo agrippa le bras de Saint-Briac. Il oublia un instant où il se trouvait et pourquoi. Un feulement immense déchira ses tympans et la terre trembla sous ses pieds. La licorne avait déjà fui dans un autre monde. Il y avait comme une arrivée de brume bouillante. Le dessin zébré d'un platane se coucha dans un craquement épouvantable. Une patte griffue chevaucha ce tronc abattu. Le dragon. Un soufflet de forge attisa une gerbe de feu. Et puis, il y eut des écailles, des yeux minuscules sur un mufle, un balancement de ventre.

La tête les repéra lentement et sûrement, d'une façon préhistorique, dans une obscure prise de conscience.

Pendant ce temps, le loup avait bondi.

— Non ! entendit Théo.

Saint-Briac lui saisit le bras et l'entraîna dans une

course effrénée. Seul refuge, le pavillon. Ils y furent en quelques secondes, volèrent au-dessus des quelques marches. « Si Mme Viel n'est pas encore là, si la porte est fermée, pensa Théo dans un éclair de terreur, nous sommes pris au piège en haut de l'escalier. »

La haute porte-fenêtre de l'entrée était ouverte.

Ils s'engouffrèrent, claquèrent la porte derrière eux, reculèrent jusqu'au centre de la pièce. Théo s'attendait à voir les vitres voler en éclats. Mais tout s'éteignit subitement, bruit, lueur des flammes. Il se laissa glisser à terre. Saint-Briac était déjà allongé, haletant. Ils n'échangèrent aucun mot. Théo prit peu à peu conscience du dallage glacé sur lequel il reposait.

— Vous êtes là, Théodore ?

Une voix de femme. Elle provenait d'une pièce attenante. En même temps qu'elle, la lumière d'une torche, qui fouillait la salle par une porte entrebâillée. Théo reconnaissait la voix. Que faire d'autre que répondre ?

— Oui, madame Viel, je suis là.

— Par ici, mon garçon.

Il se leva. Pourquoi ne venait-elle pas, elle ? « Ne jamais donner le tarot, lui proposer de le prendre. » Il se rappela cette idée et en tira un peu de courage.

— J'y vais d'abord, souffla Saint-Briac qui s'était redressé.

Il poussa la porte et s'écroula. Théo avait reconnu le sifflement d'une matraque. Il fut lui-même violemment tiré en avant, ceinturé, et fouillé. On arracha de sa poche l'étui du tarot. On le projeta à terre, sur le corps inerte de son compagnon.

Bousquier recula d'un pas, triomphant, brandissant l'étui. Sa silhouette se détachait dans une lumière rouge, diffusée par une autre présence, invisible, derrière lui.

— Voici votre tarot, monsieur Sargatanas.

De sa main carrée, l'étui passa dans une autre, fine, d'une blancheur cadavérique, qui émergea de cette nuit rouge. Un chuchotement s'éleva.

— Tu m'as bien aidé, Henri. Je n'ai pas de chance, ce sont les abrutis sans intérêt dans ton genre qui me servent le mieux. J'aurais préféré... enfin, à quoi bon se plaindre ? C'est mon lot.

— Mais, monsieur Sargatanas...

— Ça suffit.

Une détonation sèche, comme l'explosion d'une amorce, volatilisa purement et simplement Henri Bousquier. Saint-Briac gémit et remua un peu.

— Cher, cher Théo, je vais te regretter, reprit la voix immatérielle. Enfin, un peu. J'aurais aimé aussi faire plus ample connaissance avec M. Saint-Briac, qui s'est montré un digne adversaire, et à qui, après tout, je dois ma liberté.

L'éclairage rouge diminuait d'intensité, comme si la présence de Sargatanas se faisait moins nette. En même temps la voix faiblissait, tout en continuant son discours intarissable, détaché et moqueur. Malgré lui, Théo tendait l'oreille pour tout entendre. Soit, Sargatanas était libéré. Maintenant, il allait partir, les laisser enfin tranquilles ?

— Hélas ! il va falloir nous quitter. J'ai tant à faire en ce monde. Je vais suivre mon chemin, vous le vôtre. Cependant je veux vous offrir un beau voyage. La visite d'un pays merveilleux, très particulier. Vous aimez les voyages, monsieur Saint-Briac, n'est-ce pas ?

Voyage ? Quel voyage ? Qu'il s'en aille, qu'on ne le revoie plus. C'était tout ce qu'on demandait.

— Mon dragon vous a-t-il amusé ? Et ma licorne ? poursuivait le souffle de voix qui se confondait de plus en plus avec un courant d'air. J'aime les jeunes gens comme vous, imaginatifs, sensibles à la poésie, sensss... sss...

Théo, à cause d'une soudaine lumière intense, dut fermer les yeux. Il entendit une porte s'ouvrir, tourner lentement sur ses gonds, une porte énorme.

Une porte entre deux mondes.

Saint-Briac au même moment serra sa main. Fort. Très fort.

Alors Théo se mit à tomber.

*

* *

La chute dans le vide avait duré longtemps. En tout cas, la scène du pavillon de l'Aurore était rejetée dans un passé assez lointain. Théo se releva. Le ciel était blanc. Des boules bleues, blanches et rouges tombaient au loin, lentement, comme des bulles géantes et paresseuses. Un rêve ?

Un rêve dans quel sommeil ? Était-il dans son lit, chambre 251, au lycée Lakanal, ou agonisant dans le pavillon de l'Aurore ? ou... ailleurs ? Il y avait eu ce bruit de porte, de gonds, il s'en souvenait. Et la main de Saint-Briac qui l'agrippait. Il se sentait léger, sans poids même. Aucune douleur ne lui rappelait sa chute. Il était pourtant allongé au pied d'une tour aux pierres grossièrement taillées, très haute, et s'il s'était abîmé depuis là-haut, il aurait dû normalement se tuer.

Il se releva. La seule gêne était ce ciel d'un blanc impitoyable. Il fit deux pas. La tour ne ressemblait à rien de ce qu'il pouvait situer. Pourtant il la connaissait. Un étrange paysage l'entourait, un décor de collines jaunâtres, nues, où poussaient de maigres buissons noirs. La tour ne présentait aucune ouverture si ce n'étaient trois fenêtres en triangle, assez élevées. Vers le sommet cela devenait confus. La terrasse crénelée penchait, comme descellée, et des sortes de flammes s'agitaient.

Il fit quelques pas sans difficulté. Il distingua bientôt un uniforme bleu marine, des cheveux blonds. Saint-Briac venait à sa rencontre.

— Où sommes-nous ? lui demanda Théo.

Saint-Briac souffla sur sa mèche sans répondre et continua son chemin.

— Faisons le tour, dit-il enfin.

Aucune porte n'était percée dans la muraille.

— C'est absurde, ajouta Saint-Briac.

Absurde, oui, comme ce paysage impossible, ce ciel uniforme, cette absence de bruit, d'ombre. Dans quel infernal théâtre se trouvaient-ils enfermés ?

Théo s'écria soudain :

— LA MAISON-DIEU !

— Quoi, LA MAISON-DIEU ?

— L'arcane XVI du tarot. Deux personnages qui tombent. Une tour. Des boules dans le ciel. Saint-Briac, nous sommes prisonniers du tarot. Nous sommes dans un arcane. *Il* nous a enfermés là.

C'était la vérité. Pas une vérité horrible, à vrai dire. Théo se sentait étrangement dénué de sentiments. Il était dans le monde du tarot, voilà tout. Il ne regrettait rien. À peine si une pointe d'ennui le préoccupait. Saint-Briac n'eut pas du tout la même réaction.

— Quoi ? Dans le monde du tarot ? Et tu me dis ça comme ça ? Mais moi, je n'ai rien à faire là ! Ce n'est pas *mon* tarot ! C'est ta faute ! Je veux... je veux partir. Laisse-moi ! Pauvre abruti !

Le jeune homme courut comme un fou et disparut derrière une colline sauvage.

Théo, vexé, tourna les talons. Non, ce n'était pas *sa faute*. Et c'était Saint-Briac qui avait commis l'irréparable en libérant le démon. C'était Saint-Briac l'*abruti*. Alors il eut une curieuse sensation. Au cou. Il se gratta un peu. Le paysage de LA MAISON-DIEU s'estompa. Pour la première fois depuis qu'il avait atterri dans ce monde irréel, une sensation vraiment désagréable s'empara de lui.

Il tira comme un fou sur une grosse corde enroulée à son cou. Il était en train d'étouffer. Ses yeux allaient jaillir hors de leurs orbites, ses veines éclater. Saint-Briac ressurgit, l'air affolé lui aussi, et tirant sur son col. Une fraction de seconde Théo aperçut entre eux un anneau par où passait la même corde. Cet anneau était soudé à un socle, un socle bien connu. Une forme humaine, géante, paradait sur le socle, en faisant des grâces avec ses mains griffues.

Saint-Briac marcha vers Théo. La corde se détendit, chacun respira mieux.

Alors la forme humaine se transforma en corbeau, puis en rien du tout, l'effet de strangulation cessa complètement, les deux garçons se regardèrent interloqués, et le paysage de la tour réapparut. Un instant la carte XV, celle du DIABLE, s'était substituée au monde de LA MAISON-DIEU.

Sargatanas venait de leur rappeler qu'ils étaient en *son* pouvoir. Qu'ils étaient les deux petits personnages de la carte XV, liés l'un à l'autre, à ses pieds.

Il n'y avait pas besoin d'explications. Saint-Briac avait compris, lui aussi.

— Excuse-moi, Peyreix, dit-il en se frottant encore le cou.

— On va s'en sortir, donna Théo pour toute réponse. Viens, cherchons.

Ils marchèrent alors vers l'horizon, sur ce sol jaune où herbe et buissons n'étaient que du carton, sous ce ciel vide, dans ce silence invraisemblable. Ils habitaient un monde mort. Que pouvaient-ils espérer en fait ?

Le temps, aussi bien que l'espace, était impossible à mesurer. La montre de Saint-Briac marquait toujours huit heures. L'aiguille n'avançait plus et pourtant le tic-tac ne cessait pas.

Quand Théo se retourna, il s'aperçut que la tour

de LA MAISON-DIEU avait disparu. Avait disparu trop tôt. Les distances et les lois optiques n'étaient pas celles du monde habituel.

Tout à coup, ils se trouvèrent face à un mur de brouillard opaque.

— Tu crois qu'il faut passer là-dedans ? dit Théo. C'est peut-être... le bord de la carte...

— Donne-moi la main comme un gentil petit frère. Je ne veux pas revoir cette corde. Et je n'ai pas envie de te perdre dans cette purée de pois.

Théo voulut répondre, mais les sons ne sortirent pas. Ils s'évaporèrent sitôt ses lèvres franchies, comme de la buée. Il était déjà entré dans le brouillard, désespérément accroché à la main de Saint-Briac. La main de Saint-Briac, dernier ancrage dans la réalité, dernier souvenir d'un monde connu, seule preuve tangible que lui-même, Théo, existait encore, que son identité ne s'était pas dissoute dans cette brume incolore.

D'un seul coup ils émergèrent du brouillard.

Un lustre éclairait la pièce octogonale du pavillon de l'Aurore. Le marbre blanc et noir du sol luisait doucement, les boiseries dorées reflétaient l'éclairage. Saint-Briac éclata de rire.

— Bon sang ! Qu'est-ce que j'ai eu peur ! J'ai cru qu'on ne s'en sortirait jamais !

Théo riait lui aussi.

— Viens, rentrons, fichons le camp !

Ils franchirent la porte qui donnait sur le parc, sans la moindre appréhension du loup géant ni du dragon. Ils savaient maintenant à quoi s'en tenir.

Sur le seuil ils s'arrêtèrent net. Ils n'étaient pas en haut de l'escalier ni au milieu du vieux domaine en friche. Non, c'étaient de nouveau les collines jaunes, quelques arbres de papier rigide, isolés, squelettiques. Et surtout ce ciel d'un blanc sans nuances. Impossible de revenir en arrière. La porte, le pavillon, tout avait disparu. Ils étaient de retour dans le monde du tarot. Rien ne différenciait ce paysage du précédent sinon que devant eux, à une trentaine de mètres, se dressait une table grossière derrière laquelle un petit personnage, debout, leur adressait des signes enthousiastes. À tout hasard ils avancèrent. Théo avait déjà compris.

— C'est LE BATELEUR, dit-il, nous sommes dans l'arcane numéro I.

— Heureusement que tu es là, grimaça Saint-Briac. J'ai oublié le plan de la région.

Théo écarquilla les yeux. Le personnage qui s'agitait derrière ses tréteaux, là-bas, au milieu du désert : mais bien sûr, c'était... Gaston ! Ainsi le Diable l'avait piégé, lui aussi ? Théo se rappela avoir pensé à Gaston en examinant l'arcane du BATELEUR. Il le retrouvait exactement comme sur la carte, l'air roublard, une mystérieuse baguette dans la main gauche, une pièce de monnaie coincée entre le pouce et l'index de la main droite. Sur la table, divers objets, dont deux dés. Soudain il l'entendit :

— Approchez, approchez, messieurs ; vous voulez tenter votre chance ? Vous avez bien raison ! C'est une occasion rare ! Oh ! Théo ! Écoute, je ne te mens pas, regarde ce dé. Ce n'est pas n'importe quel dé. Grâce à lui tu vas pouvoir sortir d'ici ! Il suffit de faire...

— C'est ça, ton Gaston Viel ? murmura Saint-Briac d'un air dédaigneux.

— Peu importe, autant essayer, se disait Théo.

Distraitement, il avançait déjà la main vers le dé.

— ... De faire combien ?

Il secoua le dé dans sa main. Il ne fallait pas rater son coup. On ne devait pas avoir sa chance deux fois.

Quelque chose serra son cou. Il tira machinalement sur une écharpe invisible.

— Combien ? Peu importe, Théo ! C'est un dé magique. J'te jure ! Ma-gi-que. Il peut exaucer les souhaits... T'as qu'à essayer !

Théo regarda le dé au creux de sa main. Chaque trou noir tourbillonnait comme une minuscule toupie. Il suffirait donc de le lancer pour s'échapper ? C'était si tentant, si facile...

Il se tourna vers Saint-Briac qui lui aussi tirait sur son col, comme pour se dégager d'une entrave. L'image de Gaston s'estompa. À sa place, il y eut le socle et la gigantesque figure du Diable, debout dans le ciel blanc. La corde se matérialisa, enroulée d'un côté autour du cou de Théo, de l'autre autour du cou de Saint-Briac.

— Viens ! hurla Théo à Saint-Briac. Cours !

— Allez, Théo ! reprit la voix de Gaston. Suffit de le lancer ! Je comprends pas que tu hésites !

— Cours ! cours !

Théo et Saint-Briac se réfugièrent derrière un buisson noir. La silhouette du BATELEUR était maintenant hors de vue.

— Tu peux m'expliquer ? demanda Saint-Briac. Ça ne coûtait rien de tenter le coup !

— Tu n'as donc pas vu que c'était encore un de ses pièges ? *Il* voulait nous faire jouer pour... pour... je ne sais pas, mieux nous enchaîner peut-être !

— Un nouveau piège ? Alors... *il* ne nous possède donc pas complètement ?

— Non, j'en suis sûr. On doit pouvoir s'échapper. Il faut encore essayer. Éviter... certaines tentations, certaines illusions... et peut-être...

— Peut-être finirons-nous par sortir ? Tu as raison. Allons-y.

Et de nouveau cette marche monotone dans un paysage minimal dessiné par une main naïve, de nouveau cette brume presque impénétrable, et la main de Saint-Briac pour ne pas se perdre l'un l'autre. De nouveau le bord de la carte.

Et de nouveau, la salle octogonale. Cette fois les huit panneaux étaient identiques. Il n'y avait plus une porte-fenêtre qui donnait sur le parc, ni deux portes ouvrant sur des pièces latérales. Seulement huit portes encadrées par des boiseries vermoulues.

— On est coincés, dit Saint-Briac. *Il* nous a eus.

Et il s'étendit tout de son long sur le dallage glacé.

— Qu'est-ce que tu cherches encore ? reprit-il. Tu te crois plus fort que le Diable ? Plus fort que quelqu'un qui anime des statues, qui promène des dragons et enferme les gens dans des jeux de cartes ? Mon pauvre Théo ! Et moi qui voulais de la distraction ! Moi qui m'ennuyais dans ce bon et brave lycée... C'est fini. Tout est fini.

— J'ouvre celle-là, dit Théo résolument en tournant une poignée au hasard. Saint-Briac, essayons. Je ne peux pas y aller tout seul. Tu le sais bien, il y a cette maudite corde qui nous attache l'un à l'autre. S'il te plaît, fais un effort.

Saint-Briac se leva pesamment, et suivit Théo dans le monde blanc et jaune.

— Dire que je suis attaché comme un chien à un gamin. Moi qui voulais séduire toutes les filles.

Saint-Briac se tut soudain. Comme si Sargatanas l'avait entendu, il aperçut à une dizaine de mètres une jolie jeune fille brune. Elle avait un genou posé en terre et tenait une jarre dans chaque main. Elle puisait de l'eau...

... Non, elle versait de l'eau, qui formait un abondant ruisseau et s'engouffrait dans un pli du relief.

Elle était nue.

Saint-Briac ouvrit la bouche pour s'exprimer.

— Anne ! dit Théo.

Et Saint-Briac referma la bouche. Théo le saisit par la manche.

— Tu crois que je peux lui parler, comme ça ? Tu crois que je peux y aller ? Oui, hein, puisque je l'aime, il faut que je le lui dise, non ? Je dois le faire, sinon je serai ridicule. Attends-moi là, et ne t'en mêle pas, surtout !

Anne pouvait parfaitement les voir. Elle coula à Théo un regard encourageant, sans dissimuler sa nudité, et continuant à verser, inépuisablement, l'eau de ses deux jarres.

Théo s'élança. Il se sentit de nouveau étranglé par cette maudite corde. Ah ! Sargatanas !

Ce n'était pas Sargatanas. C'était Saint-Briac.

— Qu'est-ce que tu veux ? dit Théo impatient. Laisse-moi, c'est Anne : tu ne comprends donc pas ?

Saint-Briac le tenait d'une poigne de fer, par la veste, et ne le lâchait pas. Il lui demanda en détachant les syllabes :

— Théo, pourquoi est-ce que tu me mens ?

— Comment ça ?

— Elle est belle, hein, cette déesse des eaux ? Mais ça ne peut pas être Anne.

— Pourquoi ?

— Parce qu'Anne n'existe pas, c'est toi qui l'as inventée. Tu le sais très bien.

— Mais enfin, Saint-Briac...

— Oui, oui, je me souviens de notre conversation de l'autre jour, près du canal. Et j'ai tout de suite deviné que tu inventais. Qu'est-ce que tu crois ? Moi aussi, à ton âge, je me racontais des histoires. Allez, viens.

Théo rougit violemment. Ainsi, Saint-Briac avait tout compris ! Il en oublia de jeter un dernier regard à la jolie fille. Non, ce n'était pas Anne. Seulement l'arcane XVII, L'ÉTOILE, qui versait sans doute éternellement les flots jaillis de ses deux jarres dans le monde du tarot.

Anne restait un rêve. Mais d'avoir été démasqué par ce prétentieux Saint-Briac, il n'y avait rien de plus vexant. Ce fut Théo, cette fois, qui suivit en traînant les pieds. Et ils se retrouvèrent dans le pavillon octogonal.

Ils y passèrent un long moment. Il y avait peut-être quelque chose à comprendre ici même, avant d'ouvrir toutes les portes. Saint-Briac pensa à ses cigarettes. Elles étaient encore dans sa poche, ainsi que son briquet.

— Quatre en tout, dit-il d'une voix sinistre. Pour l'éternité. J'en fume une tout de suite.

Il se brûla les lèvres avec la dernière braise de tabac. Puis il sombra dans un profond abattement. Théo entendait ses soupirs. Il rêva un moment, la tête renversée vers la voûte arrondie au-dessus du lustre. N'y aurait-il pas un moyen d'escalader, de fuir par un passage quelconque dans cette coupole ? C'était bien le pavillon de l'Aurore du parc de Sceaux, après tout. Mais comment parvenir jusque là-haut ? Son regard s'abaissa, découragé. Il découvrit alors, au-dessus d'une des portes, un chiffre romain, et comprit immédiatement son sens.

— Arcane XVI. C'est LA MAISON-DIEU.

— Tiens, oui, des numéros, dit Saint-Briac en ouvrant les yeux. Mais il n'y a que huit portes, et il y a plus de huit cartes dans le tarot. C'est idiot.

— Il doit bien y avoir une raison. Voyons... XII.

— C'est quoi, le douze ? Un numéro gagnant ?

— Attends, j'essaie de me rappeler. Tu sais, je le connais bien, le tarot. Je crois que c'est LE PENDU.

— Passionnant. Allons nous pendre. Mais avant, je fume mes trois cigarettes.

— LE PENDU...

Théo se plongea dans un abîme de réflexion. LE BATELEUR, c'était Gaston. L'ÉTOILE, c'était Anne. Les cartes signifiaient quelque chose dans sa vie. Qui donc était ce PENDU ? Il avait, autant que Théo s'en souvienne, un visage épais et un corps musclé. Même dans sa triste situation, il arborait une expression d'indifférence un peu méchante...

— Bousquier !

— Hein ! Quoi ?

— Saint-Briac, LE PENDU, c'est Bousquier.

Saint-Briac se leva d'un bond.

— C'est cette porte-là ?

— Oui.

— On y va. C'est à cause de cette ordure qu'on moisit là-dedans. C'est lui qui a donné le tarot au démon. Il va le payer !

Et déjà Saint-Briac avait ouvert la porte. Théo se sentit happé derrière lui.

Cette fois ils s'enfoncèrent dans une forêt de troncs de carton jaune, entièrement dénudés, tous identiques, d'où partaient des pousses de branches tranchées net, rouge sang. Le feuillage ne s'épanouissait qu'au sommet, couvrant le sous-bois comme un ciel sombre. Cela ressemblait au dessin d'un enfant triste. Rien de plus sinistre. Ils marchèrent un moment sans rien dire, coupant d'autres allées, hésitant devant des bifurcations. Allaient-ils se perdre dans ce labyrinthe, ne même plus retrouver le pavillon ? Ils finirent par entendre une plainte rauque.

Entre deux arbres il y avait un pendu. LE PENDU. Accroché par un pied à une haute branche, les mains liées derrière le dos, il se balançait mollement. C'était bien Henri Bousquier. La seule différence avec le pendu figuré sur la carte était l'uniforme du lycée Lakanal qui, retourné, pendait lamentablement.

— Pey... reix... décro... che-moi... Au... secours...

Théo s'approcha. Il n'avait pas envie de parler. Dans ce monde où les sensations étaient amoindries, comme étouffées par du coton, une colère terrible monta des profondeurs de son être. Tout défila : Bousquier et Gaston, Bousquier et Puyjaloux, Bousquier et le jardin, Bousquier et Sargatanas... Bousquier guettant ici et là dans les galeries et les préaux du lycée Lakanal, toujours prêt à frapper, railler, insulter. Il allait payer. Sargatanas les laissait accomplir leur vengeance. C'était leur unique consolation.

Théo et Saint-Briac échangèrent un regard implacable et poussèrent Bousquier comme une balançoire. Saint-Briac tendit son poing, qui s'enfonça dans l'estomac du PENDU au retour de la balançoire. Puis il laissa éclater sa rage :

— On va crever là, à cause de toi, ordure ! Alors tu vas y passer le premier !

Bousquier parvenait à crier, de peur autant que de douleur sans doute. Théo voulut s'élancer en hurlant, mais ne put que murmurer :

— La corde...

Il parlait de celle qui s'enroulait autour de son cou à lui. Il regarda Bousquier et Saint-Briac. Les deux visages se ressemblaient maintenant, étaient presque l'inverse l'un de l'autre, comme les figures des jeux de cartes ordinaires. Saint-Briac voulait frapper. Bousquier n'articulait plus aucun mot. Mais Saint-Briac virait à la même couleur que lui – un teint rouge violacé – et respirait avec peine.

— La... corde..., répéta péniblement Théo.

— T'occupe... pas... cogne !

La vision du PENDU s'estompa. Le socle du démon le remplaça. Il ressemblait cette fois à un trône orné d'où Sargatanas contemplait avec satisfaction ses esclaves.

Théo tira brutalement Saint-Briac, comme Saint-Briac l'avait tiré lui-même devant Anne-L'ÉTOILE. Immédiatement ils purent aspirer une grande gorgée d'air, et le trône disparut.

— D'accord, souffla Saint-Briac... Le temps de respirer un coup... Et on finit le travail.

— On ne finit rien du tout. Tu ne comprends pas que c'est ce qu'*il* veut ? On est en train d'exécuter *sa* volonté ! Viens ! Viens ! On s'en va.

— On s'en va où ? J'ai très bien compris, je ne suis pas bête : mais on s'en va où ? dans le pavillon ? dans une carte quelconque ? Ça m'est égal de me faire étrangler. Et ça me soulage de massacrer cet abruti.

— Viens ! Viens ! je te dis. Il faut chercher encore.

Et Théo se mit en marche.

— De toute façon, ajouta-t-il, il a son compte. Et nous, on a peut-être un espoir.

Saint-Briac se laissa entraîner. Ils s'éloignèrent de quelques pas. Théo cherchait obscurément une solution. Gaston, Anne, Bousquier... Quelle serait la prochaine carte ? Y en avait-il une pour Mme Viel, par exemple ? Elle pouvait être L'IMPÉRATRICE, ou LA JUSTICE. Ce serait une issue possible. Théo se retourna et jeta un ultime regard au PENDU.

Encore trois arbres et la forêt triste se refermerait sur lui. Henri Bousquier allait les précéder dans la mort.

— Viens ! On y retourne, dit-il subitement.

— Quoi ?

— On le décroche.

— Quoi ?

— C'est peut-être la solution. Pas seulement ne rien faire du tout. Faire l'inverse de ce qu'il veut.

— Hum... faire... le Bien, en somme... Une idée à la Théodore Peyreix, ça, gentil petit élève de Quatrième A2. Pourquoi pas ? Un qui va être étonné, c'est Bousquier. Mais si ça ne donne rien, je l'achève.

Théo ne l'écoutait plus. L'essentiel, c'était que Saint-Briac le suive, le laisse faire. Il ne fallait plus songer à achever Bousquier. Il fallait au contraire, sincèrement, essayer de le sauver. Ne pas être aussi mauvais que lui et son maître. Se montrer différent. Il ressentit d'ailleurs un véritable élan de pitié à la vue du malheureux. Bousquier n'eut aucune réaction. Était-il mort ? Il serait un peu tard, alors, pour lui venir en aide.

Théo escalada prestement l'un des deux arbres grossiers, en prenant appui sur les pousses. Il tendit la main.

— Tu n'as pas un canif ? demanda-t-il à Saint-Briac.

— Non. Tu penses, je me serais libéré depuis

longtemps de cette maudite corde qui m'oblige à te suivre partout...

— Alors soulève-le pour que je défasse le nœud. Mais doucement.

Non sans dégoût, Saint-Briac se cala sous les épaules de Bousquier. Théo dénoua la corde. Un cri strident traversa la forêt qui s'embrasa partout à la fois en crépitant. Et Théo se mit à tomber. Il venait d'entendre une porte s'ouvrir, tourner lentement sur ses gonds. Une porte énorme.

Théo ouvrit les yeux dans le noir.

— Paul ?

La flamme vacillante d'un briquet apparut.

— Paul, ça va ?

— Oui...

Ils étaient dans la pièce centrale du pavillon de l'Aurore. Théo se leva. Ses pieds heurtèrent un corps. Saint-Briac approcha le briquet et ils découvrirent qu'Henri Bousquier était allongé près d'eux. Il ouvrit grand les yeux et respira profondément. Tous trois passaient machinalement la main sur leur cou. Il n'y avait plus de corde.

Hululement de chouette, au-dehors. Avaient-ils réussi ? S'étaient-ils libérés ? Ou fallait-il s'attendre à un nouveau tour ?

— J'ai mal, se plaignit Henri. À boire.

— Admirez le champion du Mal ! s'exclama Saint-Briac.

Il dut deviner un regard de reproche de Théo dans le noir, et n'ajouta rien. Ricaner n'était peut-être pas à la hauteur des circonstances.

— Euh, en attendant, j'aimerais bien rentrer. Théo, tu crois qu'on est revenus... dans notre monde ?

— Attends, aide-moi à l'asseoir.

Mais Henri se levait seul, péniblement.

Théo alla jusqu'à la porte-fenêtre, l'ouvrit. Une bouffée d'air frais entra dans la pièce et avec elle, l'odeur de la terre. Les grands chênes du parc frémissaient dans la nuit claire.

Henri tituba vers la porte et ne se retourna que sur le seuil.

— Je voulais vous dire... merci, vous deux... et... pardon.

Il disparut dans l'escalier. Qu'avait-il compris de cette histoire ? En reparleraient-ils un jour ? Impossible d'affirmer quoi que ce soit. Théo ne savait pas non plus si celui qui avait été LE PENDU de la carte XII continuerait ou non à harceler les faibles, à voler dans le cartable de Puyjaloux et à le traiter de « petit plouc ». Seul l'avenir le dirait.

Théo baissa la tête. À ses pieds, l'étui noir du tarot luisait faiblement dans un rayon de lune.

13

Vendredi 17 mai

Mme Viel avait fixé rendez-vous à Théo à treize heures quinze. Une brise froide soufflait dans le ciel très bleu, secouant les branches au-dessus de la grille et emportant les cris des enfants depuis les cours de récréation. Saint-Briac, mains dans les poches, le col de sa veste relevé, marchait de long en large.

— Tu es sûr que c'est de ce côté du parc qu'il faut l'attendre ?

— Mais oui ! Elle a écrit : *Au bout du parc, vers l'allée d'Honneur*. Elle va arriver.

Saint-Briac vint s'asseoir près de Théo, à califourchon sur le banc.

— Tu ne vas pas le regretter, ce tarot, malgré tout ? Maintenant on sait ce qu'il ne faut pas faire avec lui.

Il y eut un assez long silence.

— Et... est-ce que Lakanal ne te semblera pas un peu terne, après toute cette histoire ?

Théo réfléchit quelques secondes, regarda Saint-Briac droit dans les yeux.

— Non. Je serai content de me débarrasser de ces cartes, parce qu'elles sont vraiment mauvaises. Le seul effet bénéfique qu'elles ont eu, c'est de nous rendre amis. Enfin, moi je te considère comme mon ami... Et grâce à ça, le lycée est beaucoup moins triste qu'avant !

Saint-Briac eut un sourire complice.

— C'est vrai ? Tu me préfères à Viel ? et à Bousquier ? Allez, montre-moi le tarot une dernière fois, s'il te plaît.

Théo le dévisagea, ouvrit l'étui à contrecœur. Sur la pierre grise du banc, les cartes paraissaient plus colorées encore. *Les Trois* étaient réunies. Tout était redevenu comme avant, avant qu'*il* ne s'échappe. Théo murmura :

— Tu as vu LA ROUE DE FORTUNE ? Elle a repris sa position initiale, le chien monte, le singe descend.

— Et *lui* est de nouveau sur son piédestal. Mais

nous, nous ne sommes plus à ses pieds. Bonjour, Sargatanas ! Ravi de te voir revenu chez toi ! Nous allons te rendre à ta propriétaire. Content, non ? Mais en attendant...

Le ton moqueur de Saint-Briac fit place à un silence rêveur. Il passa machinalement la main sur le pansement qui ornait sa tempe.

— Théo, tu ne crois pas qu'*il* nous doit une petite faveur après ce qu'*il* nous a fait ? Je veux dire... Enfin, bref, si nous profitions encore un peu des arcanes ?

— Paul ! Ça ne t'a pas suffi ?

— Réfléchis, Théo ! C'est la dernière fois qu'on a ce pouvoir ! Obtenir tout ce qu'on désire ! La dernière fois de notre vie ! Qu'est-ce que tu veux qu'il arrive ? Et j'aimerais tellement...

Saint-Briac se tut, les yeux fixés sur les arcanes. *Les Trois* commencèrent à luire doucement.

— Paul ! Non ! Ne fais pas ça !

Saint-Briac détourna la tête. Les lames perdirent leur éclat et Théo les rangea précipitamment dans leur étui.

— Tu es incorrigible ! Tu te rends compte que...

— Parfaitement. Je me rends compte que j'aurais passé tous mes week-ends chez moi, mais ç'aurait été grâce au tarot. Pas parce que...

Il s'interrompit avec une moue triste et reprit :

— Dis-moi, ta sorcière, elle ne serait pas rousse, par hasard ?

Mme Viel se tenait de l'autre côté de la grille du lycée, à une dizaine de mètres d'eux. Théo se leva d'un bond. Saint-Briac resta assis.

— Je t'attends là, *old boy*[1]. Fais-moi signe si tu as besoin de moi. Et salue Mme Viel de ma part !

*

* *

— Bravo, Théodore. Vous avez été très courageux. Votre ami Saint-Briac et vous avez très bien réagi.

Mme Viel, de l'autre côté de la grille du lycée, souriait à Théo. Dans sa main gauche, elle tenait fermement le tarot.

— Je ne suis pas une sorcière, vous savez. Pas vraiment. J'appartiens à la Société Taliesin. Une institution secrète qui étudie la magie uniquement pour lutter contre le Mal. Je n'utilisais pas ce tarot, je le gardais à l'abri de personnes moins scrupuleuses. Vous avez vu tout le mal qu'il peut faire. Et il a beaucoup servi depuis l'époque où Mme de Montespan

1. En français : « mon vieux ».

y fit emprisonner Sargatanas par la Brinvilliers, une vraie sorcière, elle !

— Mais pourquoi ne le détruisez-vous pas ?

— C'est la prison de Sargatanas. La détruire le libérerait. Vous avez fait la seule chose qui pouvait vous sauver : vous avez résisté au Mal, à la cruauté. Pour devenir à son tour le maître du tarot, et obtenir sa liberté complète, Sargatanas devait y prendre au piège son propre maître. Il a bien failli y arriver ! Mais le tarot ne peut garder prisonnier qu'un être habité par la haine. En sauvant Henri Bousquier, vous vous êtes délivrés vous-mêmes, et avez renvoyé Sargatanas dans sa prison. Vous avez été d'une grande sagesse.

Elle ajouta dans un soupir :

— Si seulement Gaston pouvait en prendre de la graine...

— Comment va-t-il ?

— Pas trop mal. Je lui ai trouvé un précepteur. Il est bien obligé de travailler. Et il n'a plus Théodore Peyreix pour faire ses versions latines !

Théo détourna les yeux, gêné. À dix mètres de là, Saint-Briac l'attendait sur un banc. Il prit une profonde inspiration et demanda :

— Vous pensez que Sargatanas se serait libéré de toute façon, même si Saint-Briac n'avait pas fait ce vœu idiot ?

— J'en suis sûre. Il devenait plus fort chaque jour. Votre ami aura juste accéléré les choses. Il faut être un puissant magicien pour avoir un tel démon comme esclave !

— Et pour M. Vecchioni ? Je... je me sens coupable, vous savez...

— C'était un vieux monsieur, Théodore. Même si Sargatanas a provoqué la crise cardiaque qui l'a emporté, vous n'êtes pas responsable de sa mort. Vous n'aviez pas demandé au tarot de le tuer, n'est-ce pas ?

Théo acquiesça. Mme Viel ajouta :

— Vous serez toujours le bienvenu chez nous. Je vous quitte, maintenant. Je ne veux pas vous priver de toute votre récréation de midi.

Théo resta près de la grille. Saint-Briac le rejoignit sans rien dire. Ensemble ils regardèrent la dame rousse s'éloigner dans l'allée d'Honneur. Bientôt elle ne fut plus qu'une silhouette lointaine. Elle avait un tarot magique dans son sac.

Valpierre

Valpierre est né... en 1995, dans le Hurepoix, région mystérieuse mais réelle au sud de Paris. Valpierre, c'est Valérie et Pierre. Comment apprivoiser cet écrivain secret et double ? Il faut d'abord le capturer : ce qui n'est pas facile car il se cache dans des coins perdus de Bretagne ou de Bourgogne. Il y cherche sa nourriture : des idées dont certaines deviendront des romans. Ensuite, ne l'installez pas n'importe où : une clairière dans la forêt vaudra mieux que le béton d'un parking où il dépérirait très vite. Lisez ses histoires, il sera flatté et vous en racontera sûrement d'autres. Car Valpierre vit surtout par... l'imagination.

TABLE